HAPPIER
HOUR

时间贫困

如何利用时间决定了我们是谁

[英] 凯茜·霍姆斯 / 著
（Cassie Holmes）

柳菁 万佳 / 译

中信出版集团 | 北京

图书在版编目（CIP）数据

时间贫困 /（英）凯茜·霍姆斯著；柳菁，万佳译
. -- 北京：中信出版社，2023.12（2024.3重印）
书名原文：Happier Hour
ISBN 978-7-5217-5918-1

Ⅰ. ①时… Ⅱ. ①凯… ②柳… ③万… Ⅲ. ①时间－
管理－通俗读物 Ⅳ. ① C935-49

中国国家版本馆 CIP 数据核字 (2023) 第 151675 号

时间贫困
著者：　　［英］凯茜·霍姆斯
译者：　　柳菁　万佳
出版发行：中信出版集团股份有限公司
　　　　　（北京市朝阳区东三环北路 27 号嘉铭中心　邮编　100020）
承印者：　北京通州皇家印刷厂

开本：880mm×1230mm　1/32　　印张：9.75　　字数：219 千字
版次：2023 年 12 月第 1 版　　印次：2024 年 3 月第 2 次印刷
京权图字：01-2023-5391　　　　书号：ISBN 978-7-5217-5918-1
　　　　　　　　　　　　　　　定价：59.00 元

谨以此书献给罗布、利奥和莉塔，
是你们让我拥有快乐的时光

目 录

第一章

深陷困境:
时间贫困且精疲力竭

只要学会利用时间,此时此刻,时时刻刻,都会变得美好。

——拉尔夫·沃尔多·爱默生

2013 年的某个深夜，坐在从纽约回费城的火车上，我开始思考如何逃离眼下的生活：除了要兼顾好母亲和妻子的角色，我还不得不面对工作带来的持续高压，以及生活中没完没了的琐事。每天就那么点儿时间，根本无法应对这么多事，更别奢望能做好其中任何一件。从规划到准备再到行动，恐怕只有超级英雄才能精力充沛地应对这一切，而我早已精疲力竭了。我把额头抵在冰冷的窗户上，看着一排排房屋、树木的黑影在眼前呼啸而过。

　　白天，我在哥伦比亚大学商学院的演讲中分享了我的最新研究成果，即幸福感与年龄增长间的关系。[1] 由于上午和下午的会议全满，我的演讲被安排在午餐时间。忙碌一整天后，我还得努力跟上同事们的节奏，在晚餐时的觥筹交错中谈笑风生。随后，我火速打车赶往车站，祈祷不要错过回家的最后一班火车。

　　尽管我不用天天到纽约出差，但每天的日程还是满满当当，令人抓狂。忙碌的一天从晨跑开始，回来后我会抓紧时间抱抱我刚四个月大的小儿子利奥，紧接着收拾出门，冲向办公室。在沃顿商学院繁忙的办公楼里，我见缝插针，抓住讲座和会议的间隙完成工作。下班后，我又火速往家里赶，好让保姆在 18 点按时下班。到家后，我要收拾杂物、准备晚餐、打扫卫生，一直忙到利奥睡觉前，甚至无暇与他共度宝贵的睡前时光。这些事情本身并不太耗时，但当它们堆到一块儿时，我根本应付不来。最要命的是，我在工作之外并没有太多空闲时间。

　　这种感觉已经持续好一阵子了。火车在夜里飞驰，我整个人蜷缩在外套里，精疲力竭。我想我确实需要思考一个问题：这样下去，我还能坚持多久？要想找到确切的答案，我需要把一切细枝末节都考虑进来。除了日常事务，我还有很多无法提前预料但又必须应对的附加"日程"，比如理发、看牙、带利奥看病、买礼物、保养汽车以及担任陪审员等等，这些杂事时不时就会积攒到一起。此外，除了忙于家庭和事业，我还想如约参加朋友的生日晚宴，还想在星期三上午带利奥去上音乐启蒙课。要想做完这么多事，我必须坚持锻炼，保证充足的睡眠，二者缺一不可。另外，我还要考虑到，忙了一整天后，我是否还有精力陪伴利奥和我的丈夫罗布。

　　那晚在火车上我之所以纠结不已，是因为哪个我都放不下。我热爱我的工作，虽然工作中也有烦恼，但我依然努力走到了今天，做研究的过程以及教学中的互动都让我体会到真正的成就感。我爱我的孩子和丈夫，我不能没有他们。我也想保持健康，还想做个称职的好朋友。即使我不喜欢为琐事忙碌，但只要能为家庭和社会的有序运转贡献一份力量，我依然甘之如饴。

之前我总觉得忙，因为我每分每秒都在跟时间赛跑。相信不止我一个人有这种感觉。我们生活在生产力至上的文化中，忙碌已经成了一种身份的象征[2]，也是个人价值的一种体现。然而，基于我个人的经历和研究，我发现这种忙碌的生活状态并不能让我们感到幸福。[3]

毋庸置疑，孩子的到来使我的生活更加忙碌。以前我只需要照顾自己，做好工作，而现在我要全权负责另外一个生命的身心健康。要当好母亲，只靠完成任务是不够的。看着他一天天长大，我才意识到时间过得有多快。短短几个月利奥就长这么大了，这让我更深刻地体会到时光飞逝。我不想因为忙碌错过利奥成长的每个瞬间，错过他的童年，也不想给我的生活按下加速键。

我想拥有更多的时间，不只为了完成工作，还想慢下来认真感受每一分、每一秒。回忆人生时，我希望能想起快乐的瞬间，而不是一片空白。我把额头抵在冰冷的车窗上，看着外面的一切飞驰而过。突然间一个念头闪现：放下一切，和利奥、罗布一起搬到阳光明媚的小岛上悠闲地生活，似乎是最佳选择。

时间贫困是一种普遍存在的感觉

作为一名社会心理学家，我常常通过数据解决我的问题。

（因此，在向其他人解释我的工作性质时，我会半开玩笑地说我在进行"自我探究"。）我清楚地知道，在我冲进老板办公室，告诉他我要辞掉终身教授的教职前，这曾是我梦寐以求的工作。所以，我要认真考虑一下，拥有更多自由时间的悠闲生活到底是什么样的。在我要求罗布放弃事业跟我去小岛生活之前，我自己要先想清楚，从琐事缠身到无事可做的转变，真的能让我开心吗？拥有更多的闲暇时间后，我真的会对自己的生活更满意吗？

为了借助数据解决这个难题，我邀请我最好的工作伙伴哈尔·赫什菲尔德和玛丽萨·谢里夫做我的助手。我们建立了一个数据库，记录了数万美国人一天的生活，以及他们对生活的整体满意度。他们之中有的人工作，有的人待业。有了这个数据宝库，我们就不用依赖个别人的建议，而是可以根据群体的数据来判断显著趋势，从而得出更加可靠的结论。借助这份《美国人时间使用情况调查》（ATUS）[4] 中的数据，我们就能回答这个迫在眉睫的问题：人们在日常生活中拥有的可支配时间与总体幸福感之间有什么关系？[5]

首先，我们统计了可支配时间总量，即花在想做之事上的时间。[6] 这类事情包括放空、放松、看电视，以及运动、看电影或参加体育赛事等更积极的休闲活动，还包括和家人、朋友散步这样的纯社交活动。需要说明的是，我们计算的可支配时间剔除了花在必要事务上的时间，例如接踵而至的工作、家务、看牙、就诊、跑腿等杂事，因为这些事非做不可，为此消耗的时间也就算不上可支配时间。

随后，我们测试了可支配时间总量与生活满意度之间的关系。研究结果很有启发性。下图是一个倒 U 形图案，看起来像一条抛物线或者一道彩虹。有趣的是，图的两端都逐渐下降，指向了低幸福感，这说明不只是日均可支配时间少的人幸福感很低，闲暇太多也会成为通往幸福之路的绊脚石。我们先来看一下图的最左边，它反映了我目前的低幸福感……

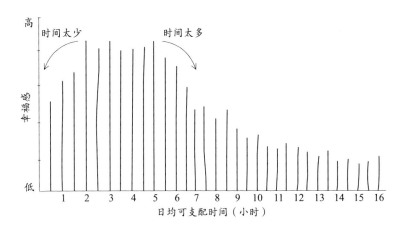

时间太少

上图表明，日均可支配时间少于两小时，幸福感就会降低，由此可证实我的日均可支配时间确实太少。我深陷时间贫困，感到自己的时间太少，无法完成所有必做和想做的事。事实证明，像我这样的人有很多。[7]一项全国范围的民意调查显示，近一半的美国人表示他们没有足够的时间完成想做的事。[8]另一项民意调查表明，近一半的美国人觉得自己几乎没有闲暇时间，三分之二的人总是或有时感到手忙脚乱。[9]

尽管人们普遍认为妈妈们比爸爸们更容易感到时间不够用，在职的父母尤其感到时间不足，但实际上所有人都缺少时间。[10]不只美国人如此，包括英国、挪威、德国、加拿大、澳大利亚、巴西、几内亚、俄罗斯、中国、日本和韩国在内的世界各地的人都表示，他们深受快节奏生活的困扰，属于自己的时间太少了。[11]

以上结果验证了我那晚在火车上的痛苦，也揭示了"时间贫困"为什么是一个重要问题：时间太少的人在生活中的幸福感和满意度明显较低。由其他研究团队开展的跨学科研究（包括心理学、社会学和经济学）同样表明，时间贫困会让人感到沮丧、焦虑，在情感上精疲力竭。[12]一味追求忙碌和催促人们进步的文化带来了源源不断的压力，最终给人们造成了情感上的伤害。

然而，数据揭示的远不止这些。图的右侧提供了一个意料之外的对照。

时间太多

除了时间太少会带来不幸福感，上图右侧的下跌曲线表明，日均可支配时间超过 5 小时，幸福感也会降低。[13]原来真有一种困扰是时间太多！

为什么会有这种困扰呢？我是如此渴望拥有更多的自由时间，闲暇的日子怎么会让我感觉更糟糕呢？当我开始思考这个问题时，我想到了我的朋友本的故事，他曾在加州马林县的山上靠着毒栎树晕倒。

本是一个才华横溢、善于分析、非常勤奋的人。工作多年后他得出一个结论：管理对冲基金要忍受办公室钩心斗角的痛苦，这不值得让他疏于陪伴妻子和 4 个孩子，也不值得让他每天带着压力回家。幸运的是，本有足够的钱可以支持他在 39 岁就退休。退休之后，他就有时间去做一直想做但被工作耽误的事，比如和家人一起放松、度假、阅读和经常运动。

然而本也是一个目标明确的人。他不喜欢无所事事的感觉，只有在富有成效的事情中才能获得满足。尽管本想要放松下来，但闲暇时间太多让他抓狂。他需要一个目标，因此他设定了一个目标。

本决定参加即将举行的迪普西（Dipsea）越野赛，这一赛事是美国历史最悠久的越野赛，跨越马林县美丽的海岬，从米尔山谷一直延伸至斯廷森海滩。除了以沿途风景秀丽闻名，迪普西越野赛也因其台阶众多和陡坡而被认为是一项格外艰苦且危险的赛事。

几个月以来，本一直刻苦训练。他严格执行训练方案，包括坡道训练、长跑、负重、休息日和饮食。比赛当天，他的家人带着手绘的标语和赛后零食在终点线迎接他，但他却没有到达终点。

比赛开始时，本表现得劲头十足，速度很快，想要挑战自己提前计算好的目标时间。然而，跑了大约 6.5 公里时，本就已经喘不上气了。紧张、脱水和炎热的天气打败了他。他恢复意识后发现，医护人员站在他的身边商量着怎么把他抬上救护车。他躺在灌木丛中，浑身发痒。那棵毒栎树在他摔倒时保护了他，但其毒素这会儿开始发作了。

在和吓坏了的家人重新取得联系，并从医生那里确认自己无大碍后，本才对自己所处的荒谬处境笑了起来。他一心追求有所成就，"无所事事"的日子让他不安。他不满于一无所获的状态，因而把原本愉快的活动变成一种极端的目标导向性追求。本逐渐康复，他也意识到自己为这场比赛所做的努力是多么荒谬。

尽管本在很多方面都与众不同，但在追求有所成就方面他并不独特。我同哈尔和玛丽萨进行的后续实验发现，拥有大量闲暇时间的人之所以对生活不太满意，是因为缺乏成就感。[14] 孩童时期，在悠闲的夏天即将结束时，我们会开始感到不安，你一定也有过类似的经历。同本一样，很多人都讨厌无所事事[15]，渴望追求成就感[16]。些许的忙碌是有价值的，因为它让我们在日常生活中有目标感。[17]

需要特别指出的是，目标感[18]并不一定要从带薪工作中获得，志愿服务（无报酬的工作）通常也会给人目标感。此外，培养优秀的孩子、经营和睦的家庭同样可以让人获得成就感；当由家庭中的成员完成这些工作时，也没有报酬。[19] 最后，一些明显与工作无关的活动（如追求爱好和参加体育运动）在许多人眼中既能带来成就感又能带来目标感。[20] 然而，我意识到，于我而言，工作是我获得目标感的重要源泉。

考虑到以上数据和本决定停止工作后的经历，我更加确信，放弃手头上的一切而整天无所事事，并不是适合我的解决办法。

最佳时间

上述图表的形状很有启发性。一方面，它表明日均可支配时间只有不到 2 小时确实不够，会带来压力和不快，这一点我再清楚不过了。另一方面，从数据中我们也能知道，日均可支配时间超过 5 小时又太多了，因为它会破坏人的目标感。我们的研究表明，辞职可能会让我感到不快乐。如果有了太多时间，我肯定会寻求其他途径来满足我的成就感，而这项活动最终也会给我带来压力。但无论最终我选择做什么，都无法发挥我在自己真正关心的领域花了多年时间培养的技能。2~5 小时的可自由支配时间似乎是最合适的。

这些研究结果不仅验证了我的情感体验，也给了我希望，最终指引我做出了人生的决定。日均可支配时间的最佳值并非完全实现不了。每天抽出几个小时去做会给自己带来快乐的事，这合乎情理。就拿我的一天来说，真实的计算表明我已经非常接近最佳值了。

- ◆ 早晨花 15 分钟抱抱利奥。
- ◆ 下班回家的路上，花 25 分钟与朋友通话。
- ◆ 花 30 分钟与罗布共进晚餐、小酌一杯（二人世界的时间最好能更久一些，但利奥的哭闹常常会让我们草草结束）。
- ◆ 在睡前美好而静谧的时刻，花 20 分钟唱歌哄利奥睡觉。

这 90 分钟是我每天必须留给自己的时间。当然，我更喜欢和朋友们坐在一起边喝咖啡边聊天，我也更希望和罗布共度二人世界时不用操心孩子，但这些小插曲并不影响我自由支配这些时间，也不会让快乐打折。我意识到，每天腾出两个小时的可自由支配时间于我而言是完全可以实现的，我也不需要为此做出翻天覆地的改变。我得考虑周全，略微调整我的日程表以腾出时间。同时，我也可以轻松地做出一些小改变，让自己变得更快乐。比如：保证工作时间内充实专注，以获得更多目标感；不固守日程表，优先考虑那些让我感到充实的活动；外包一些家务，节省出的时间用来陪利奥玩耍；尽情享受与所爱之人度过的每时每刻……或许以上种种都可以实现。下次度假，罗布可以提前收拾好行李。

重视时间的人更幸福

说到我的幸福，我的看法是正确的：时间是我获得幸福的最大挑战。过去我认为，幸福与我所拥有的时间长短有关：如果我每天有更多的时间，我就可以做我想做的一切，完成所有的事情，感到更幸福。然而有趣的是，图中介于 2 小时和 5 小时之间的平缓部分表明，在相当长的一段时间内，人们可支配的时间长短与幸福无关。这一点至关重要，意味着不考虑图中两侧的极端情况时，要想在生活中获得更多满足感，重点不在于我们拥有的时间长短，而在于我们如何利用已有的时间。

因此，真正的解决办法不是拥有更多时间，而是让已有的时间变得更充实。上述图表描绘出了我的许多研究一直以来想要揭示的道理：时间不只是幸福之路上的挑战，更是解决办法。时间是一种资源，只要合理利用，我们就会有美好的甚至是幸福的生活。如果你知道如何利用时间并付诸行动，你就会感到更幸福。这需要你清楚如何利用已有的时间完成最重要的事，这样的话，多年以后回首往昔时，你会感到成就满满。你还要做到完全投入，从而让自己更快乐。

作为商学院的教授，关注时间（而非金钱）投入从我嘴里说出来似乎有些奇怪。在 MBA（工商管理硕士）教学中，成功通常以利润来衡量，赚取的利润越多就越成功。我的大多数学生攻读 MBA 学位进而在商界打拼，就是为了赚钱，他们希望钱越多越好。除了我那些有商业头脑的学生，还有很多人也这么想。在一项调查中，我的研究团队采访了来自全国各地的数千人，他们有着不同的职业和收入水平，当被问及想要更多的钱还是更多的时间时，大多数人选择了钱。[21] 然而，这可能不是正确的选择。

据说汽车大亨亨利·福特曾说过："企业必须赢利，否则就会倒闭，但任何企业如果只是为了赢利而经营……它也会倒闭，因为它没有存在的理由。"这句话既适用于企业，也适用于个人。尽管人们普遍关注金钱，但真正决定成功和幸福的不是赚得的钱，而是花费的时间。我们花费时间时有目的吗？我们投入的时间与所得相匹配吗？[22]

多年来，我进行了十几项研究，来探究将时间而非金钱作为关键性资源所产生的影响。结果一致而明确：不管一个人拥有多少金钱或时间，更重视时间的人感到更幸福，对自己的生活更积极、更满意。专注于时间可以让我们深度思考，更好地利用时间，把时间投入那些更加有乐趣、有意义并且契合我们价值观的活动中。因此，本书是一本投资指南，并没有偏离我作为商学院教授的职业太远，但这本书不是讲投资金钱，而是讲投资我们最宝贵的资源——时间。

将幸福科学运用于人生设计

我们每个人每天可用来工作和娱乐的时间只有 24 小时，我们要最大化利用这些时间，而其中的风险也很高。小时加起来就是天，天加起来就是年，而年加起来就是我们的整个生命。我们如何利用时间决定了我们是谁，我们珍藏什么样的记忆，以及后世的人如何回忆我们。

我们都想获得幸福。世界各地的人一直把它视为最重要的追求之一。[23] 这并不是什么新鲜事。早在 17 世纪，法国哲学家和数学家布莱斯·帕斯卡就曾指出："所有男人 [可能也包括女人] 都追求幸福，无一例外。无论他们通过什么途径追求幸福，目的都是一致的。"[24]

幸福（心理学文献将其称为主观幸福感，指人们对生活的积极感受和总体满意度[25]）非常重要。它不是一种放纵或轻浮的追求，也不是自私，更不是强颜欢笑，假装一切都很好。

这一基本情绪会产生巨大的连锁反应。它能让你快速适应工作，出色完成任务，也能让你宽以待人。数十年的研究表明，幸福感在工作中和人际关系（包括私人关系和工作关系）中都能发挥作用。[26] 例如，幸福感能增强动力、创造力和解决问题的能力——这些能力不仅有助于工作，而且能帮助我们度过工作之外的危急时刻。[27] 幸福感让我们更喜欢别人，同时也让别人更喜欢我们。它让我们成为更好的人，更愿意说好话、行善事、帮助别人。

幸福感对我们自身也大有裨益。它能增强我们的免疫功能，提高我们对疼痛的忍耐阈值，帮助我们的身体更好地承受生理压力，同时也是长寿的显著预测因子。总之，这些研究提供了不可否认的证据，证明幸福感是活得更长、更好的关键。因此，我们都想获得幸福，我们也应该去追求幸福。

时间和幸福之间的相互作用是我十多年来的研究对象，我近期的教学和本书都围绕这一主题展开。我想告诉大家一个对人类而言最基本的问题：我们怎样才能充分利用自己拥有的时间？

经过火车上那个决定性的夜晚后，我一直在从事相关的研究，进而将后续发现应用在我对时间的思考和利用上。日子依旧忙碌，但我终于知道了如何让时间变得充实。最终，我决定离开沃顿商学院，但我的学术生涯不会就此终止。尽管我欣赏我的同事们，喜欢这所学校展现出的勃勃生机，但基于我的种种研究，我选择去追寻幸福。为此，我最终还是让罗布跟我一起搬了家，那地方刚好邻近海滩。除了假期，我们不会整日无所事事。现在，我们在加州的家里抚养儿子利奥和女儿莉塔。

现在，我任职于加州大学洛杉矶分校安德森管理学院。为了让生活更有目标感，我改变了我的教学内容，转而教授与幸福相关的课程。劳里·桑托斯在耶鲁大学开设了本科生课程"心理学与美好生活"[28]，比尔·博内特和戴夫·伊万斯在斯坦福大学设计学院开设了课程"设计你的人生"[29]，受他们的启发，我开设了一门叫"如何将幸福科学运用于人生设计"的课程。这门课程旨在告诉我的 MBA 学生们如何优化个人生活和职业生涯。在自身研究的基础上，我借鉴了心理学、行为经济学、市场营销学和组织行为学等领域的同事们的深刻见解，以帮助我的学生精心安排时间，使得小到每时每刻，大到整个人生，都能变得幸福。

我写本书就是要把我的经验告诉你们每一个人。我的研究在数十万数据点的基础上进行。为了说明这些研究如何与你的生活息息相关，在本书中我会分享许多我的学生、朋友以及我个人的故事。这些故事不可避免地会带有个人色彩，因为我们每个人的时间是独有的，这便是我们日常生活的实质。尽管他人的经历难以代表你自身的经历，但我相信你会从我们的经历中看到自己生活的方方面面。因此，我邀请你阅读本书，同我们一起分享这段旅程。书中每一章最后均附有本章核心要义，有助于巩固你所学到的知识。我也会给你布置作业，我对我的学生也是如此，这或许更有用。整本书中有十几个练习，我强烈建议你完成这些练习，它们会给你带来立竿见影的好处。你做练习的过程就相当于我的学生上我的课的过程，从中你会获得更多的幸福、意义和生活中的联系。[30]

在接下来的章节中，我首先要帮助你抛却时间贫困的思维定式。第二章的内容将会帮助你认识到，尽管你感觉时间不够用，但实际上你拥有的时间足够你完成所有重要的事情。我们会先改变你对时间的认知，让你感觉时间很宽裕。本书会告诉你如何利用自己的时间，把时间花在有价值的事情上，而不单单是追求效率。

在第三章中，我将引导你完成时间追踪练习。在这个过程中，你就能确定哪些活动最能给你带来幸福感，哪些活动不值得耗费时间，从而指导你更明智地利用自己的时间。需要指出的是，有些必要活动并不是特别有趣（如家务、工作和通勤），这一点不可避免。在第四章中，我会给出一些策略，帮助你在这些貌似浪费时间的活动中得到满足。

然而，充分利用时间不只是把时间花在哪些活动上这么简单，它也与你在这段时间中的投入程度有关。换言之，就是你如何完成这项活动，以及你在做这项活动时的心态。例如，尽管和罗布一边吃着奶酪汉堡、喝着黑皮诺酒一边聊天是我最喜欢的事之一，但这项活动一旦成为惯例，我就难以注意到其特别之处；有时我的脑海中全是满满当当的日程表，根本没有听到罗布说的话，这是在浪费我们两个人的时间，我也错过了这段时间内可能会获得的幸福。因此，第五章将会提供一些使你更加投入的策略，第六章将会给出一些消除干扰的技巧，这样你就能充分利用时间。

虽然你有大把的时间，可以过上幸福的生活，但前提是你要有意识地规划时间，而不是漫无目的地任凭时间流逝。你每天拥有的时间是有限的。在第七章中，我将分享主动规划时间而非被动接受的重要性，从而推动你把时间优先花在那些对你真正重要的、会给你带来快乐的事情上。

需要注意的是，每个小时都不是孤立存在的。不是把不同的时间堆叠起来，就能拥有满意的一周。相反，你如何规划一周的活动决定了你对这一周的满意度。在第八章中，我鼓励你将自己的日程表看作一幅美丽多彩的组合画，而你就是创作这幅画的艺术家。我会指导你规划自己的时间：对所有的事项进行选择、分割和排序，以设计出理想的一周。在这个过程中，你会获得更多的快乐时刻，最大限度减少琐事带来的烦恼。你还会发现，虽然你不可能在既定的时间内完成所有的事情，但你可以在未来的几周、几个月甚至几年里做你想做的事，成为你想成为的人。

最后，在第九章中，我们将不再以小时为单位，而是以年和整个生命为单位。从全局出发看待时间可以让我们确定自己的价值观，明确自己真正在意的事，以及最重要的事。这种更广泛的时间观可以帮助我们利用好当下的时间，充实地度过每一天，在回顾往昔岁月时也不会有遗憾。

有了这些从数据中得来的智慧，你将学会如何安排你的时间。就让我们从拥有快乐的时刻开始吧。

**本章
核心要义**

◇ "时间贫困"是一种普遍存在的感觉，即要做的事情太多而时间太少。

◇ 可支配时间太少（如每天少于 2 小时）会带来压力，从而降低幸福感。

◇ 可支配时间太多（如每天超过 5 小时）会让人缺乏目标感，从而降低幸福感。

◇ 排除时间太少和太多的极端情况，幸福与你所拥有的可支配时间的长短无关，而是取决于你如何利用自己拥有的时间。

◇ 关注时间（而不是金钱）能增加幸福感，这样你就能把时间花在那些能带来快乐和成就感的事情上。

◇ 幸福的感觉值得我们为之努力，它不仅有益于我们的工作、人际关系和健康，还能让我们变得更加坚韧，更有创造力，更有爱心。

第二章

开源节流：
有的是时间

你永远觉得没时间做任何事。

你如果想有时间，就必须挤出时间。

——查尔斯·巴克斯顿

我们来做一个快速思维测试：当你没有足够的时间时，你首先会划掉日程表上的什么事？

　　我喜欢早晨去跑步，它给我提供了时间和空间，可以让我思考。此外，它也能让我继续享用钟爱的芝士汉堡和巧克力甜点，而丝毫没有负罪感。但到了晚上，躺在床上、调好闹钟后，我的脑海中会自动闪过明天上课之前需要做的事情：叫孩子们起床，准备好他们的午餐，收拾好他们的书包，让利奥提前准备拼写测验。除此之外，我还要备课，回复学生发来的一堆邮件。我还要吃早餐、收拾自己。在教学日，我还要留出时间吹头发，选择一身漂亮的衣服，佩戴得体的珠宝。我也需要充足的睡眠（之前的研究[1] 和我个人的经验表明，如果睡眠时间少于 8 小时，我的大脑就会乱作一团）。失望之余，我还是接受了一个明显的现实：我没有时间去跑步了。

那么你呢？有限的时间让你放弃了生活中的什么事？我请朋友们用"我没有时间……"来造句，他们的回答如下：

"我没有时间运动。"

"我没有时间睡觉！"

"我没有时间阅读、写作或思考……新冠疫情期间，我甚至没有时间洗头发！"

"我没有时间用牙线清洁牙齿。"

"我没有时间阅读书籍、整理房间或思考未来。"

"我没有时间画画。"

"我没有时间学习和演奏音乐、阅读书籍或看望朋友和家人。"

"我没有时间锻炼身体或与儿子一起踢足球。"

"我没有时间（或精力）与孩子和爱人深入沟通。"

"我没有时间接受心理治疗，甚至没有时间去看心理医生。"

"我没有属于自己的时间。如果有，我会用这些时间来做什么呢？我想我会去散散步，看看无聊的电视，吃些零食，小憩一会儿，然后打电话和朋友叙叙旧。"

"我没有时间思考。"

"我没有时间烹调精致可口的食物。"

"我没有时间建造我的梦中花园。"

"我没有时间做好所有事情。"

以上这些回答列出了许多我们想做却因为没有时间而搁置的事，这些事情有益身心且让人感到充实。这些回答告诉我们，如果没有足够的时间，我们连自己的身体都照顾不好，如锻炼、花 8 分钟洗个澡或是用 1 分钟剔个牙等。我们没有属于自己的时间来休息、阅读、思考和创造。我们忽视了自己的兴趣所在，以及自身的有趣之处，我们放弃了维护重要的关系，更不用说花时间去建立新的关系了。讽刺的是，时间让我们的生活充满了种种可能，但同时也限制了我们的生活。

一半美国人以及全球数百万人都有同感。美国作家兼励志演说家布琳·布朗认为，现代文化的代名词之一就是稀缺——没有或不够。[2] 哈佛大学行为经济学家森德希尔·穆莱纳桑和普林斯顿大学心理学家埃尔德·沙菲尔合著的一本书描述了资源稀缺带来的危险。[3] 但我认为，当今时代我们拥有无限的机会，背负着巨大的期望，更确切地说，真正稀缺的是时间。没有足够的时间，我们就不能竭尽所能做到最好，不能成为最好的自己。相反，我们只会做得更少，收获也更少。正如上一章中所说，时间贫困会降低我们的幸福感 [4] 和生活质量。

时间贫困的后果

在朋友中进行调查后，我决定选取更广泛、更具代表性的人群来调查时间贫困带来的后果。我搜索了相关的学术文献，自己做了些实验，从中得到的发现和以上那些回答一样令人沮丧。显然，有限的时间让每个人的收获变少。

在我告知你这些发现之前，请你做好心理准备，因为这些结果最初看起来会令人沮丧。然而，知晓如何节省时间，可以帮助我们更好地对抗时间产生的限制。我保证，阅读完本章后，你会掌握一些可行的方法来控制并增加你的时间，在有限的时间中创造出无限的价值。

健康堪忧

为了挤出时间，我放弃了运动，很多人都是如此：由于时间太少，人们会放弃外出跑步、去健身房、上瑜伽课或报名动感单车课。研究表明，无论采取何种运动方式，时间不够用都让人们普遍减少了运动，从而直接影响了人们的身心健康。[5] 简而言之，不运动会降低我们的幸福感。

时间贫困对其他与健康有关的行为也会产生负面影响，比如忙得没时间吃新鲜食品、睡个好觉或是去看医生，深陷时间贫困的人更容易超重[6]和患高血压[7]，整体健康状况堪忧[8]。如果你读到这里感觉像是在说你自己，别担心，我的情况与你一样。坦白说，我常常感觉没有时间去晨跑，我也发现，比起水果沙拉和蛋白粉，罐装拿铁咖啡和甜甜圈更便于在上班路上食用。虽然我会抽时间带利奥和莉塔去做健康检查，或是在他们稍微有点儿不舒服时就带他们去看医生，但在忙得团团转时，我会忽略这些。即使这些发现听上去使人难过，我们也有必要知晓这些，因为在后文中我会告诉你如何从这些信息中获益。

待人冷漠

时间贫困不仅影响我们如何对待自己，还影响我们如何对待他人。当时间不够用时，我们就不愿意在别人身上花费时间。匆忙之中，我们可能不会打个电话问候刚换工作的朋友，甚至连帮走在后面行动缓慢的陌生人扶一下门都不愿意。这种对时间的吝啬，即使在最具同情心的神学院的学生身上也能发现。20世纪70年代，约翰·达利和丹尼尔·巴特森在神学院进行了一项经典实验，要求学生们讲述"好撒玛利亚人"的故事，这一圣经故事讲述的是：一个陌生人停下脚步，帮助了一个身受重伤、绝望地躺在路边的旅行者。但实验的核心是：在学生们依次去演讲之前，研究人员会随机选择部分学生，告知他们要迟到了，没有太多时间了，而其余的人没有收到这样的提示。在前去演讲的走廊上，他们每个人都遇到了一个蜷缩着身体咳嗽的人，这个人显然需要帮助（实际上他是研究人员雇来的一名演员）。研究人员追踪了哪些学生停下脚步花时间帮助了这个人（不觉得这里很讽刺吗？[①]。实验表明，那些被告知时间有限的学生明显更不愿意提供帮助。[9]

我还在大学生中开展了一项简单的实验，记录了这种行为。我让一半参与者写下他们感到非常忙碌的一天，以使他们产生时间紧迫感。同时，我让另一半学生写下有大量闲暇时间的一天。随后，我问所有人是否愿意多待 15 分钟，来帮助一位有需要的高中生修改他的大学入学申请书。与那些写下闲暇时间的学生相比，那些被刻意提醒时间紧迫的学生明显不愿意花时间提供帮助。[10]

你看到这一模式开始形成了吗？当我们感到时间不够时，我们的生活圈就会变小。但我向你保证，这并不是唯一的危害。在介绍完时间贫困带来的另一个危害后，本书将给出一些解决方案。

信心不足

陷入时间贫困不仅会让我们不愿意帮助别人，还会让我们对自己信心不足。距离期中考试还有两周时，一组研究人员要求学生预测自己的成绩，描述对考试的信心水平。随后，在考试当天早上，他们再次要求学生预测自己在考试中的表现。研究结果

---

① 之所以觉得讽刺，是因为有些学生没有停下来的原因是着急去讲述好撒玛利亚人的故事。——译者注

表明，当有充足的准备时间时，学生对考试的信心水平明显高于准备时间很少时。[11] 不幸的是，时间对信心水平的影响远不止体现在考试上。缺乏时间会削弱我们实现各种目标的信心。

社会心理学家托里·希金斯提出了公认的积极/预防聚焦理论，认为我们有两种基本形式的动力：一种聚焦于积极结果（即"积极聚焦型"），另一种聚焦于回避消极结果（即"预防聚焦型"）。[12] 尽管每个人对于积极聚焦还是预防聚焦有着不同的倾向，但情境因素会影响人们实现目标的方式，尤其是时间这一因素。时间很多时，我们倾向于积极聚焦。时间充裕总体上会提升我们的信心，让我们对有信心实现的一切感到乐观而兴奋。只要有足够的时间，我们将前途无量。但在时间有限时（现实往往如此），我们就会悲观地倾向于预防聚焦。[13] 当所剩时间不多时，我们满脑子都是失败的可能性，从而会降低目标来匹配不足的信心。深陷时间贫困时，我们只是在勉强度日。

我和我的同事珍妮弗·阿克、金杰·彭宁顿发现这一动力理论在消费者领域也有所体现。我们观察到，有足够时间来购物的消费者最容易被那些提供"最佳"体验的产品以及承诺"最划算"买卖的广告所吸引。然而在时间有限时，消费者反而对那些质量好且价格不高的产品感兴趣，而且会降低自己的期望值。这也解释了以下现象：在1月初规划要送什么情人节礼物时，你会想着送"最浪漫的"礼物（时间充裕时，你会设定很浪漫的预期）；但等到2月13日你才去挑礼物时，你的预期就会直线下降，你会理性地思考而不是注重浪漫，这时你只想挑一份不失体面的礼物。

时间贫困是一种主观感受

现在，是时候提供一些解决方案了。已有的研究结果揭示的局面并非糟糕透顶，因为它没有说明非常忙碌且时间有限的人如何保持自信、健康和善良。

"声名狼藉"的大法官鲁斯·巴德·金斯伯格就是一个很好的例子。她是美国联邦最高法院的大法官，除了要审理案件，她还要起草决定美国妇女权利和医疗保健体系方针的意见。尽管日程安排紧凑，她还是坚持定期锻炼。直到 80 多岁时，她还会每周去上几次私教课，一次一小时。另外一个例子是我的朋友绍莉，我非常崇拜她。绍莉在纽约经营着一家非营利机构，负责为养家糊口的女性提供培训，帮助她们在餐饮行业寻得一份稳定的工作来维持生计。在繁重的工作之余，绍莉还要与丈夫斯科特共同抚养两个孩子，一个 5 岁，一个 7 岁。斯科特任职于金融行业，平时工作也很忙。除了照顾家庭、管理机构、服务女性，绍莉还会抽出有限的闲暇时间帮助别人。几天前，我意外地收到了一本诗集，里面夹着一张振奋人心的纸条，那是绍莉寄来的。

金斯伯格和绍莉是我们的榜样。同我们一样，她们每天也只有 24 小时的时间，多一分钟都没有。然而，她们却没有放弃运动、帮助别人这类有价值的事情。这是怎么回事呢?

现实情况如下:每个人每天有 24 小时的时间,每小时有 60 分钟,这是客观规律,然而我们对时间长短的感知却是极其主观的,我们对每天和每小时的感受大不相同。就拿每段客观时间单位内的时间量来说,如 1 小时、1 天或 1 年,你可能会觉得这段时间很长,有时候又会觉得这段时间短得抓不住。俗话说"心急锅不开",背后暗含的原因是,当你在等待某事时,你会感觉这段花在等待上的时间(即使只有短短 10 分钟)长得像永恒。但当你与爱人拥抱告别时,你又会感觉 10 分钟的时间短得让人痛苦。当你开心的时候,时间确实过得飞快,有篇研究论文可以证明这一点。[14]

这种时间长短的相对性很重要,因为你对 1 分钟、1 小时、1 天或 10 年的感知会影响你认为自己是否有"足够的时间"。请记住,时间贫困指的是"感觉"没有充足的时间去完成需要做和想要做的事情。但是需要注意的是,这一定义中的两个组成部分具有主观性:一是你想要做的,以及你认为自己需要做的事情,二是在已有的时间内,你完成所有事情的信心。下面我们深入分析一下,以便帮助你了解如何利用宝贵的时间。

精简清单

要解决这一难题,首先要知道在你眼中,哪些活动能够且应该构成你的一天。需要注意的是，活动清单的内容和长度由我们决定，因此是可塑造的。这一过程中主要的塑造者就是技术。科技的进步在很多方面使我们受益。智能手机方便携带，一个口袋装下绰绰有余，确实非常智能。只需动一动手指，便能了解整个世界，它给我们带来了更多的可能性，让我们获取更多信息，完成更多事情。总体来说，科技是一个好东西，但我们需要了解，科技在我们塑造活动清单的过程中会产生什么样的影响。

社交媒体。 研究表明，当人们使用社交媒体维系已有的人际关系时，幸福感会增加。然而，人们在社交媒体上花费的绝大多数时间不是用来给亲人发信息，而是用来观看那些远亲或者名人在网络上精心编织的美好生活。由于我们倾向于通过同他人对比来评价自己的表现，因此我们会感到孤独、抑郁，生怕错过什么。[15] 除了这些对情绪健康有据可查的影响，我认为使用社交媒体还会加剧时间贫困。通过社交媒体，我们源源不断地了解到别人正在做的，以及我们能做的所有我们梦寐以求的事情，如此一来，它为我们开列了一个不合理的活动清单。

鉴于此，从主观和客观上增加你的可用时间的方法之一，是减少花在屏幕上的时间。这样你就不会那么羡慕别人多姿多彩（而又精心编织）的生活了。同时，你也会真正拥有更多的时间，对许多人来说，每周这样的时间加起来就会有好几个小时。

万事按需。 智能手机除了能让我们更好地了解别人正在做的事情，还给我们提供了源源不断的机会，让我们有更多事情可做。新闻报道、电视节目、歌曲、TED 演讲、音乐课、演出、教育研讨会、博物馆参观……有了智能手机，我们可以随时随地参与这些诱人的活动。当然，一天的时间，甚至是一生的时间都不足以完成所有的事情，认识到这一现实对我们大有裨益。因此，我们要管理自己的期望，这有助于从主观上增加我们的时间。

琐碎家务。 技术带来的高效率除了让我们过度关注"能做"和"想做"的事情，还增加了我们对"应做"之事的期望。随身携带智能手机会让我们一直保持忙碌。即使是在处理一项任务时，或者在放松时，也有一种持续不断的压力催促着我们打开手机，在这关键的几分钟里核对家里的其他待办事项。由于妈妈们通常负责管理家务，并完成其中的大多数事项，因此她们比爸爸们更容易陷入时间贫困。[16]

事情的关键在于，你认为你所能做的和应该做的事情只是停留在想法层面，要实现所有可能性是不合理的。你对自己承担的事情有惊人的控制力。当你完成第三章的时间追踪练习后，你会确切知晓当前哪些活动占用了你的时间，哪些任务值得花费时间，哪些任务可以外包给别人，以及哪些任务纯粹是浪费时间，最好完全忽略。

增强信心

现在，让我们来看看时间贫困这一概念的第二个组成部分：

信心。信心指的是一种能够完成所有目标的感觉。克莱尔·施普曼和凯蒂·肯的《信心密码》是我最近非常喜欢的一本书，书中描述了影响（遗憾的是，对女性来说往往是削弱）信心的一系列因素。这本书给我们带来一个重要启示：你的信心不是一成不变的，它也会受到影响——来自你自己的影响。因此，在面对一天的任务时，你首先得知道，你能做些什么来减轻自己的束缚感，从而让你感到时间没那么紧张。作为一名科学家，我当然有数据支撑自己的论点。自我效能感（self-efficacy）[17]这一术语常被用来描述你在何种程度上相信自己能完成所有想做之事与应做之事。我们的一项研究表明，当人们感受到更强的自我效能感时，他们也会认为自己拥有更多时间。[18]这一发现意义重大，因为它意味着你可以有意识且有效地操纵你的时间宽裕度。通过采取一些手段增强你的自信心，你就会大大缓解时间贫困的困境。因此，下面让我们探索一些行之有效的策略来增强我们的自我效能感，从而让我们感到时间宽裕些。

增强自我效能感的策略

自我扩容

跑步时，太阳徐徐升起，我的呼吸声起起伏伏，与运动鞋触及人行道的声音同频。就像耳机里的那首歌一样，我一路稳步前进。我享受这种释放自己的感觉。跑步后，我感觉自己状态很好，头脑清晰，准备迎接全新的一天，我能完成所有的事情。

在此之前，我已经接受了我没有足够时间去跑步这一现实，但我很高兴我还是去跑了。我为什么这样做呢？其实现实并没有发生一丝改变，只是我觉得跑步这件事很重要，所以挤出时间来完成。我把起床闹钟提早了 30 分钟，以便能在孩子们起床之前跑步回来。我并没有因此牺牲太多睡眠时间，因为一旦设置好闹钟，我就会立马关灯睡觉，没有浪费时间去看电视或是浏览电子邮件。

跑上家门口的台阶，脱掉运动鞋，我感觉身心愉悦，迫不及待要迎接即将到来的一天。通过花时间跑步，我使新的一天不再始于不情愿地起床，然后直接进入忙碌状态——对很多人来说，每天就是这么开始的。跑步时，我的束缚感减轻了些许。我感到更加自信，相信自己能高效且轻而易举地搞定今天的一切。跑完步回到家后，我放慢了节奏，耐心陪孩子们吃早餐，然后在教室里认真给学生上课。

虽然人们会经常因为时间不够而放弃运动，但有研究证明，运动是一种增强自尊心的有效途径。[19] 结合我个人的研究来看，花时间运动可能不仅有益于身体健康，同时也能让你觉得自己拥有的时间变多了。

根据上述研究结果，我给学生们布置了为期一周的锻炼任务，以增强他们的体魄、提升幸福感并增加其时间。现在，带着同样的目的，我把这一任务布置给你们，这也是我在本书中布置的第一个练习。

 练习：锻炼身体

在本周内，每天至少锻炼 30 分钟。在日程表上标出每天用于运动的时间，确保你能腾出时间坚持锻炼。

重要的是，你不一定要进行剧烈运动。不要一开始就给自己设定奥运会强度般的训练计划，这只会让你精神紧张。你不需要追求极致，适度即可。你只需要迈开步子行动起来。你可以去户外慢跑、报名动感单车课程或是上瑜伽课，甚至你也可以选择步行而非开车去上班，或是调高音乐即兴舞动起来。

虽然我要求我的学生只坚持一周，但我建议你至少坚持两周。因为你只有在克服最初的困难后，才会开始享受运动的乐趣，也才更有可能把运动视作日常生活的一部分。同时，我建议你在一次活力满满的运动后，以笔记或是语音的形式记录下你当时的感受，以备下次你觉得没有时间运动时提醒自己：你可以挤出时间，花时间运动是值得的。

兼顾他人

正如前文所述，当我们感到时间贫困时，我们通常会放弃在别人身上花费时间。然而，帮助他人是一种能让我们认同自身能力的有效（也是良好）方式。因此，我与我的同事佐薇·钱斯和迈克尔·诺顿进行了一项测试：在别人身上花费一些时间是否会让我们觉得自己拥有更多时间。

首先，在一个寻常的星期六，我们在一群普通人中进行了一项试验。早晨，我们向 100 多名参与者随机布置了两项任务：要求他们中的一些人"在晚上 10 点之前，花 30 分钟为别人做一件自己本不打算做的事"；另一些人则"在晚上 10 点之前，花 30 分钟为自己做一件自己本不打算做的事"。

当天晚上，我们进行了跟进调查，以了解每个人如何利用这 30 分钟，以及他们目前的时间充裕程度。在那些把时间花在他人身上的人中，有些人花时间为认识的人做事（为爱人烹调一顿特别的晚餐，铲掉邻居家门廊上的雪，帮助朋友清理浴室的瓷砖，或是给祖母写封信），有些人花时间帮助陌生人（在附近的公园捡垃圾）。而在那些把时间花在自己身上的人中，有些人花时间精心护理自己（洗个热水澡或做个足部护理），有些人则放松自我（读一章小说或看看电视）。

显而易见，烹饪一顿特别的晚餐所需的时间不止 30 分钟，观看大多数电视节目也是如此。事实上，两种试验条件下的参与者在善待他人（或自己）方面的表现都超出了我们的指令。然而，我们的主要目的不是找出每个人花了多少时间，而是研究他们后来觉得有多少时间可用。为此，我们让每个人给自己的时间充裕程度打分，最高为 7 分。结果发现，比起那些把时间花在自己身上的人，那些把时间花在他人身上的人感觉自己的时间更多。这一点是不是很有趣？

在另一项研究中，我们采用更严格的标准，测试出了把时间花在他人身上的益处：获得意料之外的空闲时间。在一小时的实验课结束后，我们指定其中一些参与者留下，要求他们花 15 分钟时间帮助一名高中生修改入学申请书，同时允许其他参与者提前离开，以获得"额外的 15 分钟空闲时间"。那些花时间帮助他人的参与者后来表示，他们觉得自己比那些提前离开的人拥有更多的"空闲时间"。

直觉告诉我们，把时间花在自己身上或是获得额外的空闲时间，会让我们拥有更多的可用时间。然而，考虑到我们已充分理解信心在时间贫困感中所起的作用，再加上我和佐薇、迈克尔收集的数据，我们可以得出这样一个结论：把时间花在他人身上会增加自我效能感。这一发现不仅意义重大，而且提供了一种强有力的方式来对抗时间贫困感。

以上研究发现以及索尼娅·柳博米尔斯基开展的研究表明，行善事对幸福有直接的影响[20]，这就涉及了本书的第二个练习。

练习：随机行善

做好事的感觉真的很棒。本周抽时间随机做两件善事，一件给朋友或认识的人，另一件给陌生人。做的事情可大可小，可以匿名也可以表明身份，可以提前规划也可以临时起意，花费时间或金钱均可，而且这两件善事并不一定要相同。

至于做什么事，完全取决于你。这里我提供一些参考：在咖啡馆为某人买单，赞美某人，帮助某人（通常不会帮助的人）完成一项任务，主动为某人送去可口的饮料或款待某人，给某人留下一朵花或一张漂亮的便条，为某人举办一个惊喜派对……

无论做任何事，请记住你的唯一目的是使对方受益。不要期待你因善举而得到什么回报，如别人的一句感激的话或未来得到别人的帮助。抽出一点儿时间帮助他人，不求任何回报。

在你开始规划所有可用时间之前，请牢记一个重要的注意事项：你不想因把过多的时间花在他人身上而使自己的生活乱成一团。有一项后续研究提出了这一告诫。我们要求人们回忆，哪些时候他们在别人身上花了"太多时间"而无法完成自己的任务，哪些时候他们花了"一些时间"，以及哪些时候"浪费了时间"。[21] 结果表明，第一种情况下他们感觉时间更紧张，第三种情况下的感受一样。这些研究证实了长期付出者的消耗效应，即作为长期付出的那一方，把时间花在别人身上是他们的持续性义务。[22] 因此，我们要明确，为了通过付出时间而获得更多时间，你不能在别人身上花费太多时间而导致自己感觉没有一点儿时间可用。此外，你必须是自愿的，而非应人要求。所以，在你要为别人花大量时间时，首先扪心自问：你是乐于花这些时间，还是不得已而为之？

现在我们已经明确，尽管在感到时间贫困时我们通常会变得吝啬，但如果我们没有那么忙，能抽出半个小时给朋友打电话询问她的新工作，或花上几秒钟为后面的人扶一下门（甚至是在别人经过时给予一句赞美），我们不仅会感到更幸福，还会觉得时间更充裕。

突破极限

海洋一直对我有着深刻的影响。眺望太平洋时，我感受到一种极致的联系感。此刻，我不再是一个独立的存在，所有的界限都已消失。这是一种不仅与另一个人相联系，而且与所有人以及宇宙万物产生联系的感觉。我之所以要分享这种精神上的（发人深省的）体验，是因为它让我产生了敬畏之心。发现产生敬畏之心会让你感觉自己的时间变多了。在这些敬畏时刻，没有任何事情能限制我们，更不用说日程表上的琐碎之事了。

梅拉妮·拉德、凯瑟琳·福斯和珍妮弗·阿克深入研究了这一现象，检验了敬畏感如何影响人们对时间充裕度的感知。[23]他们的研究表明，与回忆一件快乐的事情相比，重新构想一件令人心生敬畏的事会让人们感到没有那么匆忙；同时，人们也会表现得更慷慨，更愿意把自己的时间花在慈善事业上。

我承认，"敬畏"一词看起来有些难以理解，但它有一个确切的定义：一种当你接触到某种盛大的事物时所产生的感觉，它会改变你对世界的理解，至少在当时是如此。[24]根据我刚刚提到的研究，敬畏感是可获得的。上述研究要求 80% 的参与者回忆生活中令人心生敬畏的经历，他们都轻松做到了。此外，这些参与者回忆的经历也告诉我们从哪里可以获得敬畏感。

1. 社交互动

敬畏感来源于普遍的联系感，因此可从与他人建立深刻的联系着手培养敬畏感，如温柔的身体接触、令人大开眼界的对话、轻轻抱着一个婴儿……人际关系让我们超越了自身的界限，与他人的感情和思想相连接。

2. 自然

眺望海上的地平线，仰望繁星点点的夜空，在秋高气爽的日子里沉醉于枝叶扶疏的温暖色彩，大自然的丰富让我们能换个角度看待一天中的压力。身处大自然之中，我们会感到更快乐。[25]我们可以自由地深呼吸。因此，即使你没有住在国家公园附近，没有住在海边，你也要想办法到户外去，在家附近的公园散散步，抬头看看月亮。欣赏日出日落的金粉色光芒之时，你就不会感到那么匆忙。

3. 艺术

于他人的创造力中探索世界奇观。我清楚地记得，当我还在哥伦比亚大学读大一时，在纽约现代艺术博物馆展出的凡·高的《星月夜》深深震撼了我。我匆匆忙忙赶到博物馆，走到画前，急于为我周一要交的论文快速做笔记。

然而，当我站在画前，凝视着艺术家旋转的想象时，我沉醉其中，不再担心时间限制。我全然忘记了论文的截止日期，也忘记了还有另外三件迫在眉睫的事情要做。

最近，在好莱坞露天剧场欣赏张弦指挥演奏的贝多芬第九交响曲时，我产生了同样的延伸感。下班后，我穿过洛杉矶拥挤的车流，匆忙赶到音乐会现场与朋友见面，那一刻我已经筋疲力尽。当指挥上台时，我满脑子盘算着待会儿回家时怎么才能避开拥堵的人群，以便能及时赶回家为明天上午的会议做准备。但当乐队开始演奏，音符在夏日的夜晚跳动时，我的担忧不复存在了。演奏结束时，观众掌声雷动，我也跟着欢呼雀跃起来，完全沉醉其中。那种感觉棒极了！

4. 成就

个人的成就让我们备受鼓舞。见证一场精彩绝伦的体育盛事，或者目睹一个富有启发性的发现，可能会打开我们的眼界，让我们看到人类的天赋和努力能创造无限的可能性。安德烈娅·盖兹是我在加州大学洛杉矶分校的同事，她因发现银河系中存在一个超大质量的黑洞而获得诺贝尔物理学奖。当听她描述这一发现时，我敬畏不已。人们能取得的成就的确让人惊叹。请记住，如果花些许时间锻炼身体或帮助别人，你会发现你能完成的事情比想象的多得多。

从世界和周围的人身上获得敬畏感，有助于减少时间贫困感，增加充裕感。在后面的章节中，我将提供具体的策略，在你的日程表中加入类似的让人有成就感的事情。这些事情值得挤出时间去做，因为它们会对你产生直接且持久的影响。它们会留在你的脑海里，在你的心中烙下印记，当你感到忙碌、焦虑，渴望拥有更多时间时，你就可以重温这些经历。

放手去做！

时间同金钱一样都是稀缺资源。但与金钱不同的是，每个人有着一样的时间初始余额，即每个人每天都有 24 小时。对许多人来说，这些时间还是不够用，不足以让我们过上梦寐以求的生活，不足以让我们成为最好的自己。要成为最好的自己，我们要保持健康、照顾家人、做好工作、履行社区义务、善待自己、追求个人兴趣爱好、感到充实且有信心做好一切。

然而，阅读本章后你会知道，当感到时间贫困时，你对时间的感知决定了一切。这种感知完全取决于你认为哪些事项需要列入你的待办清单，以及你能够完成所有事情的信心。这种自我效能感不仅仅指你相信自己能完成什么，它还会直接影响你选择做什么：你花时间做哪些事情，这些事情反过来又会影响你的自我效能感和幸福感，从而形成一个良性循环。花时间锻炼身体，和别人建立联系，或者做那些让你感觉联系更紧密的事，这些事情非常有效，会让你觉得自己有能力完成更多事情。

当然，你可能已经意识到，像锻炼身体、帮助他人或走进大自然这样的活动会多多少少对你有益，但你可能没有意识到，这些活动可能会影响你对自己的感觉，从而影响你对时间的感知。你可能没有意识到，你拥有多少时间完全取决于你自己。现在，通过了解影响时间的因素，并且知道了如何利用这些因素增加自己的时间，你可以让自己在时间上变得富有。奇怪的是，正是通过花时间（而不是节约时间），你感觉自己的时间变多了。

截至目前，人们提供的解决时间贫困的建议都是"少做"。然而，对我们这些想从生活中收获更多而不是更少的人来说，这一建议并不是特别有用。幸运的是，我在本书中提到的研究能让你志存高远，而不是得过且过。同样令人备受鼓舞的是，你不需要花费很多时间便能收获满满。明智的小投资可以带来巨大的回报。

◇ 时间贫困会产生负面影响，它会损害健康（不太可能锻炼身体）、扼制善念（不太可能帮助别人）、削弱自信（对失败的恐惧胜过对成功的乐观），以及降低幸福感。

◇ 然而，时间贫困是一种主观上的感觉，你可以通过做一些事情让自己感觉时间变多了。

◇ 为了增加你的时间充裕感，把时间花在那些能使你增加自信，让你觉得自己能够完成所有想做之事的活动上，比如：

- 运动起来：运动不仅能增强自尊心，还能直接改善情绪。

- 多行善举：帮助别人不仅能缓解你的时间贫困感，还能让你和别人都感到身心愉悦。

- 体验敬畏：在社交互动、自然、艺术和成就中寻求敬畏，以扩展你自己和你的时间感。

第三章

用时有道：
时间利用需智慧

一个人想有多快乐，就有多快乐。

——亚伯拉罕·林肯

从小到大，我都被别人称作"快乐小女孩"。事实上，我永远都是那么快乐，以至别人很容易觉得我天生乐天。坦白说，我总是有很多值得高兴的事情。我几乎在每个方面都很幸运，与生俱来的性格以及生活环境塑造了快乐的我，当然还有我自己编织的童话故事。

在我过完 27 岁生日后不久，我的梦中情人向我求婚了，我当时喜极而泣。我们相识于 12 岁那年，在英国伦敦的某个操场上，我们羞涩地朝对方微笑着。当我家的英国生活之旅结束时，这段暗恋也就结束了。然而 10 年后的一天，我打开邮箱时在收件箱中看到了他的名字。他竟然记得我！他查看了我的脸书，从中找到了我的联系方式。

我即刻回复了他的邮件。经过几个月的疯狂书信往来，我们决定再次见面。他开了 5 个小时的车从弗吉尼亚州赶来，而我从格林威治村穿过了好几个街区，最终我们相遇在苏豪区的一个十字路口，历经 10 年再次见面，我们还是羞涩地朝对方笑了一下。几周后，他搬来了纽约，后来我们又一起搬到旧金山湾区读研究生。当我在帕洛阿尔托的车道上倒车时，我仍然在微笑着。车上装满了白色的婚纱、周末庆典的礼服和之后蜜月旅行要穿的泳衣。我还提前一周去了圣迭戈，跟进我们婚礼的最后准备工作。就在我下车的时候，我的手机响了，电话那头儿说道："凯茜，我还没准备好结婚。"

就在那一刻，我脸上的微笑消失了，我对美好未来的憧憬也破碎了。我的童话故事草草收尾，结局也不尽如人意。我突然感到悲伤、丢脸，还要去取消我精心策划的梦幻婚礼，这是一项令人伤心且代价高昂的任务。我不知道还能做什么，索性就继续开车向前，一直开了 7 个小时，来到了圣迭戈。停车加油时，我忍不住抽泣起来，一旁好心的围观者看着我，犹豫着要不要提供帮助。我努力不让眼泪掉下来，以向他们证明我没事。那是我人生中第一次感到很糟糕，那一刻我一点儿也不快乐。

尽管那时我已经开始了关于快乐的博士论文研究，但我从未真正怀疑过自己不快乐。接下来的几个月，沮丧的情绪一直笼罩着我，我带着全新的视角重新回顾了现有的文献。我想知道，是什么让我们感到快乐，以及我是否能做些什么来重获快乐。我在索尼娅·柳博米尔斯基的书《幸福有方法》中找到了答案和希望。她分析了迄今为止所有关于幸福的研究，最后得出结论：有三个主要因素决定了我们在日常生活中的快乐程度。[1]

首先，我们的快乐很大程度上受性格影响。通过多年来与不同性格的人打交道，你可能已经猜到了这一点。有项研究测试了一对拥有相同 DNA 的双胞胎，结果表明，每个人生来就有着不同的乐观程度。[2] 有些人天生就会注意到半满杯子中空的那一半，而有些人只会注意到杯子中有水的那一半。幸运的是，我天生倾向于注意到杯子中有水的那一半。但当我的未婚夫抛弃我时，我再看杯子时觉得它完全是空的。即使是我渴望快乐的决心也不能挽救这段感情。这种非常不快乐的感觉迫使我意识到，我以后不应该依靠我的性格来体验快乐。

我面临着一个残酷的现实：生命中总会有坏事发生。每个人都不可幸免。也许有些讽刺的是，直到跌落圣坛（最高兴的时刻），我才明白这个道理。这件事确实很糟糕，丹尼尔·吉尔伯特甚至在他的《撞上幸福》一书中以其为例，来说明每个人迟早会碰上一件能彻底摧毁自己的事。显然，这只是生活里众多倒霉事中的一件。我们每个人都曾经面临或将要面临一些使我们屈服的情况。

但命运不会总使我们痛苦。我们所面临的情况也可能是幸运的。柳博米尔斯基的分析表明，人们的生活处境，如收入水平、外表吸引力、婚姻状况，确实会影响我们的快乐程度。尽管人们普遍认为，生活富裕、外表迷人、步入婚姻是"从此过上幸福生活"的秘诀，但这些环境因素对人们快乐程度的影响却小得惊人。[3] 事实上，我在我的前两节课上专门分享了许多相关的研究，这些研究表明，像中彩票或结婚这样的重大改变对人们总体快乐程度的影响远小于预期。[4]

我在书中读到，突然结不了婚所带来的悲伤情绪不会一直持续下去，这时我虽感到有所慰藉，却高兴不起来。这些信息表明，我们在生活中感受到的快乐完全是随机的。当然，我很幸运与生俱来就有着乐观的性格。然而，并不是每个人都如此幸运，现在我也从自身经历体会到，纵使我性格乐观，但在面对某个特定事件时还是不堪一击，我不想接受有些人生来就不快乐的现实。此外，我也明白了，生活并不总是充满快乐，每个人都是如此，但幸运的是，柳博米尔斯基的分析中还发现了另外一类影响因素。

除了性格的巨大影响和环境的微小影响，我们还有很大一部分快乐取决于有意的思考和行为。换言之，我们刻意的所思所为会对快乐产生显著的影响。[5]无论生来幸运还是不幸运，我们都可以有意地把时间花在那些能增加日常生活幸福感和满足感的事情上。我们确实对快乐有一些控制权。此外，知道做什么事能让我们快乐后，我们需要反复加以练习，这不仅能帮助天生坏脾气的人克服日常的低落情绪，还有助于所有人度过最艰难的时期。

当我自己的快乐受到考验时，阅读柳博米尔斯基的书让我变得比以前更快乐了。我确信一直保持乐观的性格并不一定就是天真，我明白了我对生活的体验并不仅仅取决于偶然事件。通过生活中这件毋庸置疑的不快乐事件，我意识到，与其依靠我的性格来获得快乐，与其期待生活中的事情或处境带给我快乐，不如自己制造快乐。我可以做到，你也可以。

快乐是一种选择。我们花时间的方式决定了我们在生活中能感受到多少快乐。所以问题的关键在于，为了过上更好、更快乐、更充实的生活，你应该如何度过一天中除睡觉之外的时间？

追踪日常活动和感受

如果我问你最喜欢的日常活动是什么，你回答说是看电视放松，我并不会感到惊讶。因为这完全说得通：经过一天的忙碌，你回到家后急切地打开电视，手里捧着一杯酒，开始看网剧，尽情享受着夜晚。然而，如果我在晚上 10 点半给你打电话，此时你已经看完了三集电视剧，你才发现已经超过你上床睡觉的时间半个小时了（你已经窝在沙发里看了两个半小时的电视），你可能会很恼火，直接忽略我的电话。你感到不耐烦，我的电话可能惹恼了你，因为你急着要看电视剧，又或许你因为在电视机前浪费了一个晚上而内疚。有时（甚至常常）我们以为会让我们快乐的事在实际发生时并不一定会让我们快乐。

事实上，仅仅相信自己知道如何规划才能获得快乐和满足，并不总能带给你想要的结果。相反，要准确识别哪些活动能真正带来最大的快乐，最好的方法就是追踪你每天的日常活动以及你的感受，连续追踪一两周。这一练习能帮助你评估你认为会让你快乐的事是否真的会让你快乐。

练习：时间追踪

第一部分：追踪你的时间

为了追踪你的时间，你首先需要在纸上画出一个时间表，把一天中除去睡觉的所有时间以半小时为单位划分成一个个时间段。你也可以直接从我的网站（www.cassiemholmes.com.）下载制作好的电子表格。在接下来的每一天里，在这个电子表格中记录你做了什么，以及你的感受如何。参考下页中的示例。

为了保证这项练习尽可能有效，记录活动时要尽可能具体，这有助于在后续分析数据时得到更多信息，而且最好给活动分组。例如，不要写"工作"这种宽泛的类别，而要写"回复邮件"、"起草报告"或"员工会议"，即写明你当时正在做的具体任务；不要写"家庭时光"，而要写你和哪个家庭成员待在一起，以及你们在做什么。

你不仅要记录如何利用时间，还要记录你当时的感受。我在下面的表格中添加了一栏以便量化你的感受。为了准确地记录你在不同活动中的情绪体验，我们以 10 分制来评价你的快乐程度（1= 完全不快乐，10= 非常快乐）。

在评分时，你要从最广泛的意义上来思考快乐程度，即你参加活动的整体积极性，包括感觉到精力充沛或幸福宁静。[6] 考虑你在这项活动中有多投入，或是它在多大程度上加深了你的联

	星期一		星期二		星期三		星期四		星期五		星期六		星期日	
	活动	☺	活动	☺	活动	☺	活动	☺	活动	☺	活动	☺	活动	☺
5:30AM	睡觉		睡觉											
6:00AM	跑步	8												
6:30AM														
7:00AM	准备上班	4	准备上班	2										
7:30AM														
8:00AM	通勤	3	通勤	2										
8:30AM	处理邮件	4	处理邮件	3										
9:00AM														
9:30AM			客户会议	5										
10:00AM	做幻灯片	6												
10:30AM														
11:00AM														
11:30AM														
12:00PM	和同事吃午饭	6	在办公室吃午饭	4										
12:30PM			策略笔记	3										
1:00PM	同事会议	5	同事会议	4										
1:30PM														
2:00PM														
2:30PM														
3:00PM	做幻灯片	6												
3:30PM														
4:00PM			做幻灯片	5										
4:30PM	处理邮件	5												
5:00PM														
5:30PM	通勤	3												
6:00PM	购物	6	通勤	4										
6:30PM			看电视	7										
7:00PM	做晚饭	7	和朋友一起吃晚饭	9										
7:30PM	吃晚饭	7												
8:00PM	打扫	5												
8:30PM	看电视	8												
9:00PM		7	看电视	5										
9:30PM		6												
10:00PM		5												
10:30PM	准备上床	4	准备上床	4										
11:00PM	睡觉		睡觉											
11:30PM														
12:00AM														
12:30AM														
1:00AM														
1:30AM														

系感，无论是与另一个人，还是与你所在的社区，抑或是与更大的世界。或者考虑这项活动是否给你带来了成就感和信心。积极心理学家马丁·塞利格曼认为，积极的情绪、投入、良好的人际关系、意义和成就感这五个要素都属于真实的快乐或"繁荣"[7]的维度，当你评估你在每项活动中的快乐程度时，你应该综合考虑这五个要素。

同时，你的快乐等级也会监测消极的一面，反映出哪些活动让你不快乐。这些负面情绪多种多样，包括焦虑、沮丧、悲伤、空虚、内疚或对自己失望。当你发现有的活动分值低时不要气馁，因为我们都不得不参加一些自己不喜欢的活动。但是，为了更快乐地度过时间，找出那些让你不快乐的活动是关键一步。知道了哪些活动让你不快乐后，你就能深入挖掘并消除消极情绪，对这些活动加以调整，从而使它们能带给你快乐。此外，这也有助于以后你决定怎样安排时间，你甚至可以选择完全避开这些活动。打分时最重要的是诚实。你给出的分数必须反映出你参加活动时的真实感受，而不是你预期的感受，或者是你对这项活动的喜好。

为了确保给出更准确的打分，你最好在一天中实时记录你的活动。如果你有几个小时无法实时记录，也没关系（毕竟你很忙），只要有空时把你在那段时间的所做所感尽快补在表格中即可。但是你要记住，隔的时间越长，你就越有可能把你的喜好强加到这项活动上，而不会记录下你的真实感受。

连续追踪一到两周。鉴于一天或一周并不具有代表性，因此多追踪一段时间，这样更有可能捕捉到构成你典型日常生活的所有活动。

相关研究

这种通过表格记录每天的时间以找出"最快乐的事"的方法并不只存在于我的课程中，其他研究人员也采取了这种方法，诺贝尔经济学奖获得者、行为经济学家丹尼尔·卡尼曼就是其中之一。他带领团队做了一项著名的研究，追踪了约 900 位职业女性一天中的情绪起伏。[8] 他们的研究结果形成了一份包含 16 项活动的清单，除了没有包含社交媒体使用活动，这份清单准确地反映了日常生活以及每项活动的平均快乐程度。我把他们的发现以下图的形式展现出来。这张图中显示了活动清单、在每项活动上花费的相对时间（圆圈大小代表时间长短），以及每项活动带来的相对快乐程度（由它在纵轴上的位置表示）。这些信息非常有意义，因为通过了解人们在做什么事情时会感到快乐，你就能深入了解自己的时间使用情况。

什么活动让你最乐在其中呢？容易引发最积极情绪的活动往往是那些社交活动。研究数据表明，平均而言，人们在有身体

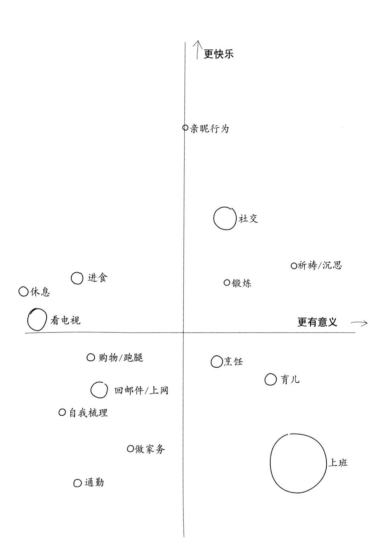

上的亲密接触或与朋友和家人交往时感到最快乐。近期的一项时间追踪研究证实了这一发现，这项研究的样本数量更多，更具代表性（包括男性和不工作的人群）。[9] 后面我将深入研究来自社交活动的巨大快乐（即使对我们这些内向的人来说亦然），我将给出一些培养它的方法。但现在，有一点明确且关键：与所爱之人共同参与的活动往往让我们感到最快乐。

了解图中的另外一端，即做什么活动让人们感到最不快乐，同样重要。卡尼曼的研究发现，那些占据了我们一天中大部分时间的活动让人们感到最不快乐。就快乐程度而言，最糟糕的活动莫过于通勤、上班和做家务。这些发现并不是卡尼曼的研究中那900名职业女性所独有的。一般来说，所有人都表示在上下班途中、工作中以及下班做家务时感觉最不快乐。

值得注意的是，截至目前我只讨论了图中的一个维度：代表快乐的纵轴。这是因为卡尼曼团队的数据只捕捉到了快乐的一个维度。然而，在我给你布置的时间追踪练习中，我鼓励你从快乐的各个维度考虑活动的整体积极性，包括活动的意义。你可能已经从自身经历中发现，快乐并不只是即刻的享受。即使你在参与某项活动时一分钟也不快乐，当你从中有所收获时也会感到快乐。徒步者（我不是其中一员）表示登山的乐趣就在于此。[10] 如果你不那么外向，那么努力准备一场演讲可能并不会让你快乐，但你这样做并不是为了让自己即刻就感觉快乐，而是现在投入时间，就能让你未来在面对观众时不至于像个傻瓜。是的，我可以告诉你，当第 100 万次推着我女儿骑着她的新洋红色自行车上山时，我的汗水远远多过了甜蜜，但是当她最终找到平衡并能安全停下来时，我们俩的脸上都露出了发自内心的灿烂笑容。

作为目标导向的物种，我们人类不仅仅受到快乐本身的激励，也能从成就感中得到愉快的满足感。[11] 我们体会到，有明确目标的活动是有意义的，这种意义感让我们感觉良好。在我们的经历中，意义和快乐确实是紧密相连的。[12] 我的团队进行的一项研究表明，当人们感受到更有意义时，他们会更快乐。既然我们想把时间花在能产生更大幸福感的事情上，让我们感到更快乐且更有意义，那么我们应该如何利用自己的时间呢？

为了回答这一问题，欧洲研究人员马修·怀特和保罗·多兰在 625 名成年人（包括男性、女性、工作者以及无工作者）中进行了另一项时间追踪研究。除了测量每项活动带给人们的快乐程度，研究人员还分别测量了活动带来的收获感。[13] 我将这项研究的结果同卡尼曼团队的研究结果合并到上面的图中，增加了代表意义的横轴。正如横轴上方的图像所示，快乐的活动往往让人们感到有意义，而有意义的活动往往能带给人们快乐。的确，社交活动既让人快乐又有意义，而通勤既让人不快乐也没有意义。

然而，也存在一些明显的例外情况。虽然人们倾向于认为工作不那么让人快乐，但通常来说它让人们感到意义重大。看电视起初会让人们感到快乐，但它也容易让人们觉得没有多大意义

（因此，在沙发上舒服地窝了两个半小时后，我的电话加剧了你的内疚感）。请注意，这两组研究数据都是在智能手机问世前收集的。因此，这张图中并没有显示花在社交媒体上的时间。鉴于社交媒体在当今社会十分流行，了解与其相关的情绪水平大有裨益，所以我查看了所有学生的时间追踪练习。结果证明，使用社交媒体就像看电视一样，只不过它所带来的快乐和意义都不如看电视多。这一发现也验证了花在社交媒体上的时间与人们的自尊之间存在显著的负相关。人们在社交媒体上花的时间越多，自我感觉就越糟糕，整个人也就越不快乐。[14]

总而言之，时间追踪研究将活动分为三类：

◆ 快乐的时间 ＝ 既有趣又有意义（例如社交）

◆ 无聊的时间 ＝ 有趣（如看电视）或有意义（如工作），但通常不会两者兼具

◆ 浪费的时间 ＝ 既不有趣也没有意义（例如通勤，还可能包括刷社交媒体）

这项研究蕴含的信息量巨大，告诉了我们普通人在从事任何特定活动的平均时间内所感受到的平均快乐程度。但是这里说的大多是平均情况，实际上人与人之间以及每个人自身内部都存在差异。[15]当然，这一点完全在意料之中。有的人比其他人更喜欢某些活动。我喜欢跑步，从中可以体会到放纵自己的感觉，但

我儿子却讨厌跑步，认为跑步除了更快到达目的地，既不舒服又不方便。此外，重复做某项特定的活动并不是每次都能获得同样的乐趣。例如，当你在周三下班后赶着给家人做饭时，准备晚餐就是一件烦人的苦差事。然而当你在星期五下午 6 点，听着美妙的音乐，边喝葡萄酒边和爱人聊天时，准备晚餐会是一件快乐的事。因此，进行时间追踪练习很重要，它可以帮助你了解你在各项活动中的快乐程度。这样一来，你不仅能清楚地了解到自己目前是如何利用时间的，还能提取出这些活动中让你快乐或不那么快乐的特征。

寻找快乐时光

现在我们将回到你的时间追踪练习，接着讨论如何分析你的个人数据。这涉及三个关键步骤：

1. 找到"最快乐的活动"；
2. 找到"最不快乐的活动"；
3. 寻找每一组活动中共同的隐含特征。

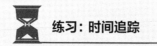

第二部分：找出最快乐和最不快乐的时间

在开始分析之前，你需要收集所有已经填写的时间追踪表，它们就是你要分析的数据。

首先，你要浏览一遍所有的数据，找出你在 10 分快乐量表上评分最高的 3 项活动。如果你发现有 3 项以上的活动并列最高，那就把它们都列入表中。但是，选取的活动尽量不要超过 5 项，因为超过 5 项就很难找到你真正的快乐来源了。

最快乐的活动：

1.＿＿＿＿＿＿＿＿＿＿＿＿＿＿＿＿＿＿＿＿＿＿＿＿＿

2.＿＿＿＿＿＿＿＿＿＿＿＿＿＿＿＿＿＿＿＿＿＿＿＿＿

3.＿＿＿＿＿＿＿＿＿＿＿＿＿＿＿＿＿＿＿＿＿＿＿＿＿

接着，深入研究你列出的"最快乐的活动"清单，并标记出每项活动让你感到特别积极的方面。还记得一年级时老师是怎么教你定义名词的吗？人物、地点和事件。把这三者的顺序倒过来，将它们作为框架来审查你最快乐的活动，写下它们在这三方面的特征：

◆ 事件：是什么类型的活动？例如，它是职业的还是个人的，积极的还是放松的，等等。

◆ 地点：你当时在哪里？在室外还是室内？温度是多少？喧闹

还是安静,明亮还是黑暗,干净还是杂乱?你是在大自然中吗?

✦ 人物:这项活动的人际或社交性质是什么?也就是说,你是一个人吗?谁同你一起?有一两个人还是有很多人?你有多了解这些人?你们之间的互动是正式的还是非正式的?谈话内容是什么——提供信息还是表露情感?你扮演的角色是什么——领导者、参与者还是观察者?

最快乐的活动 #1:

事件_____

地点_____

人物_____

最快乐的活动 #2:

事件_____

地点_____

人物_____

最快乐的活动 #3:

事件_____

地点_____

人物_____

现在,从这些特征中寻找共性。让你最快乐的活动有哪些共同特征?把它们写下来。

"最快乐的活动"的共同点：

_____

_____

_____

_____

当你完成对最快乐的活动的分析后，以同样的步骤对最不快乐的活动进行分析。浏览一遍你的时间追踪表数据，列出 3~5 项你认为最不快乐的活动。然后，记录下每一项活动的人物、地点和事件特征：它是什么类型的活动？在哪里发生？你和谁在一起？最后，找出这些特征中的共同点，并写下来。

最不快乐的活动：

1. _____

2. _____

3. _____

最不快乐的活动 #1：

事件_____

地点_____

人物_____

最不快乐的活动 #2：

事件_____

地点_____

人物_____

最不快乐的活动 #3：

事件_____

地点_____

人物_____

"最不快乐的活动"的共同点：

_____

_____

_____

_____

通过分析之前我个人的时间追踪数据，我有两个惊人的发现。首先，我发现我快乐的心情依赖于一个明亮的环境。考虑到我是在阳光明媚的圣迭戈长大的，所以这并不令人惊讶，但我注意到我在费城生活时依然如此：我"最快乐的活动"不是发生在户外的空地上，就是在靠近大窗户的地方，或是在涂有浅色油漆的房间里，抑或是在办公室阳光般的灯光下。在一定程度上，正是这种对明亮环境的偏爱促使我决定从宾夕法尼亚大学离职，来到加州大学洛杉矶分校，因为在这里我可以享受到更多的阳光。

分析我所列活动中的"人物"特征可能会带来更多启示。与其他人一起参与某项活动时，我感到非常快乐，但这些活动必须涉及一对一的交谈（无论是和朋友、同事还是陌生人），并且在交谈中，我必须有机会提问以加深对一个人的了解，我才会从这项活动中体会到快乐、投入、联系、意义和价值，它值得一个10+ 的分数。然而，当这项活动只是不涉及个人信息的闲聊时，我的打分最低。正如你所想的那样，这些信息非常有用，为我选择以更快乐的方式投资时间提供了指导。

因此，趁着你还没有忘记，记录下你在分析过程中获得的所有发现。问问你自己，在这些发现中有没有让你产生共鸣，但之前并没有意识到的？

多年来，我带领无数学生做过时间追踪练习。尽管我有自己的数据，但忽略时间、地点和性格的差异，在他们的观察中找到共同点也是一件很重要的事情。

把时间投资在亲密关系上

哲学家、科学家、艺术家、《黑客帝国》等经典电影以及《小王子》等经典图书都得出了类似的结论，甲壳虫乐队用一首歌简明扼要地表达了这一结论：你所需要的只是爱。

时间追踪练习常常得出相同的结论。尽管我的学生们有着不同的背景，处于不同的职业阶段和人生阶段，但到目前为止，他们找到的最普遍的共同点是：与所爱的对象在一起的时光是他们最快乐的时光。这些对象包括密友、伴侣、孩子、父母以及宠物。

我敢说，如果你现在花点时间回顾一下过去的两周，就会发现你最快乐的时刻中至少有一次是与你真正在乎的人共享的。现在，你可以花点儿时间重温一下这段时间的记忆。这些与他人交往的活动带来了如此多的快乐，无论是预期中的、经历过的还是记忆中的。我希望你能从最近两周的经历中体会到快乐。

事实证明，把时间投资在亲密关系上是最好的利用时间的方式。我们不仅想要，更需要这些关系来获得快乐。在早期的一项关于幸福的研究中，研究人员埃德·迪纳和马丁·塞利格曼对200多名本科生进行了为期一学年的追踪，然后比较了那些最快乐的人（快乐指数一直排在前10%）和最不快乐的人（快乐指数一直排在后10%）。[16] 结果表明，最快乐的学生和最不快乐的学生从人口统计学的角度来看没有区别，前者也没有经历过任何客观意义上的好事。然而，他们在社会联系度上却有很大差异。最快乐的人更有可能拥有亲密的朋友和家人，他们也更有可能处于一段恋爱关系中。这些差异反映了学生们利用时间的方式。也就是说，快乐的那一组学生花更多的时间与朋友、家人和恋人待在一起，留下很少的时间（但也有一些时间）独处。这一重要的数据表明，尽管没有一个变量是快乐的充分条件，但亲密关系是快乐的必要条件。换句话说，有朋友并不能百分之百保证你会快乐，但要想变得快乐，你需要朋友。

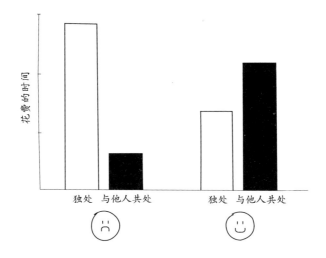

这些发现与经典心理学理论一致，即拥有紧密且真实的联系对幸福至关重要。亚伯拉罕·马斯洛认为，爱是我们最基本的心理需求，无论它是从友谊、家庭还是爱情中获得。根据马斯洛著名的需求层次理论，只有食物、水和安全的住所在人类生存中发挥了更为重要的作用。[17] 只有当我们有了归属感（爱与被爱），追求个人成就和自我实现所付出的个人努力才是值得的。如果你想攀登事业的阶梯，这很好，但前提是不要为此牺牲你与生活中所有人的联系。如果你到达顶峰时没有人和你一起庆祝，那么你也不会有多大的成就感。

我们人类一生都依赖所爱之人的支持和照顾。研究表明，社会关系密切的人过早死亡的概率较低，更有可能在疾病中存活下来，而且在面对心理和经济压力时表现也更好。[18] 没错，人类的社会性是如此根深蒂固，以至我们觉得遭受他人排斥很痛苦。社会痛苦在我们的大脑活动中的表现与身体疼痛类似。[19] 当我因未婚夫取消婚礼而感到痛苦时，是朋友们的陪伴和安慰让我重新振作起来。14 年后，新冠疫情期间，我也正是和这群朋友通过视频群聊为彼此加油打气。因此，当我看到有项研究表明，有亲密的朋友是在生活中获得满足感的一个重要因素[20] 时，我一点儿也不感到惊讶。

这些人际关系不仅让糟糕的时光变得不那么糟糕，也让美好的时光变得更美好。弗朗西斯·培根爵士在 1625 年发表的一篇文章中谈到了友谊："它让快乐加倍，悲伤减半。"请记住：研究人员的发现和我的学生们的时间追踪结果都表明，一天中最快乐的时光往往是与所爱之人共享的时光。[21]

知道了这一点，你可能会思考为什么你与他人共处的时间并不总是最快乐的。共处的时间里存在一个重要区别：单纯地和某人待在一起并不代表你会获得更多的归属感、友谊或亲情。正如我所说，尽管我的一些"社交活动"在快乐评级中得到了最高分，但我给其他社交活动的打分却很低，而且大多数社交活动的评分都在 5分左右。此外，在学生们列出的"最快乐的活动"清单中，我从来没有发现"看电视"这一活动。相反，排名前三的活动通常是"和妻子在晚上散步"、"和朋友远足"、"在《璀璨宝石》(Splendor)

桌游中打败室友"、"和姐妹共进晚餐"或"和女儿喝咖啡"（实际上，最后一项活动是让我最快乐的事之一）。这些活动的关键点不在于有其他人的存在，而是与这个人相处。社交期间联系的质量决定了我们的时间投资是否值得，知道了这一点后，我们就能进一步找出让这些潜在的快乐时光变得更快乐的方法。

通过对话建立联系

在社交活动中提高联系质量的一种方法是深化谈话内容。亲密关系加深的一个重要特征是相互之间的自我表露不断升级。分享关于你自己的信息（如你之前的经历以及你现在的想法和感受等），并且积极地倾听别人的经历，你就有机会发展一段真正的友谊——被另一个人认识和了解，以及了解另一个人。

为了帮助我的学生结交新朋友，我在课堂上把他们分为两人一组，要求他们和指定的伙伴完成一个对话任务。我提供了三组问题，他们有两分钟的时间来完成第一组问题，两人轮流提问和回答。第一组问题包括一些基本问题，如"你叫什么名字？""你来自哪里？"。接着，我给他们 5 分钟时间讨论第二组问题，这些问题针对个人的兴趣、目标和经历（如"你的爱好是什么？"、"如果可以去世界上的任何地方旅行，你会去哪里，为什么？"，以及"你最想改变的一个习惯是什么？"）。最后，我给他们 8 分钟的时间讨论第三组问题，这些问题更私人化，如"认识别人对你来说困难还是容易？为什么？"、"描述你最近一次感到孤独的时刻"、"你最害怕的一件事是什么？"，以及"最近有什么让你感到自豪的成就吗？"。

这段对话尽管只持续了 15 分钟，却总能建立起新的友谊。如果对话的两人之前就是同学（甚至是朋友），那么这段对话必然会让他们感到更亲密。这种方法被称为"亲密关系诱导任务"，实验表明，它有助于让人们感到联系更紧密。[22]

几年前，我有堂课的班级学生总数为奇数，因此我和剩下的那个学生搭档做了这个对话练习。我很快就了解到，我的搭档加比是一个心直口快的纽约人，但她从小就患有社交焦虑症。后来，她在夏令营中找到了自我和归属感，此后的每个暑假她都到夏令营当志愿者，帮助那些同她一样正在经历青春期挑战的女孩。加比当时在加州大学洛杉矶分校攻读 MBA 学位，毕业后想从事娱乐行业的工作。她觉得，通过媒体她可以接触到更多的人，给他们提供情感生活上的帮助。在短短的 15 分钟里，我对加比有了深刻的了解；后来，我以朋友的身份推荐她去了一家媒体公司工作。

因此，下次和朋友约会或共进晚餐时，准备好提问（和回答）一些更私人的问题。至于要问什么问题，你可以购买一套对话入门卡。虽然这看似俗气，但实践证明，它们能提高社交活动的质量。我很感激这些卡片曾在我家的饭桌上激发了更深的联系。听着家人们讲述"你最快乐的童年记忆是什么"时，我对家庭成员的个人经历有了新的认识。那顿饭是我们吃过的最亲密的一顿饭。

在我的婚礼取消大约 6 个月后，我发现谈话真的可以改变人生。我参加了一次别人安排的相亲，我们在斯坦福大学的罗丹雕塑园喝了几杯圣培露矿泉水，然后那个相亲对象问我："你认为充实的生活都由哪些部分组成？"这个对话让我感觉仿佛在做亲密关系诱导任务，只不过颠倒了顺序，从最尖锐的问题问起。就在这个时刻，我认识了我最喜欢的终生对话伙伴，他就是罗布。虽然已经过去了十多年，但每次和罗布谈话仍然让我感到最快乐，我们在周五的约会之夜交谈，在周六晨跑时交谈，在假期享受葡萄酒午餐时交谈，在开车时交谈，而利奥和莉塔则在后座熟睡。这段关系不是童话故事，它非常真实，而且充满惊喜。

呼吸新鲜空气更快乐

为了进一步指导你追求快乐，现在让我们来看看学生们"最快乐的活动"清单中的另一个共同点：身处户外。[23] 事实证明，只要走到户外，头顶的广阔天空就是我们共同的快乐源泉。鉴于我 1 月份就开始在南加州上课了，这一发现可能并不让人惊讶。因此，当我追踪学生们这几周的活动时，他们通过新闻和社交媒体不断提醒我南加州的气候有多好。然而，这一发现不仅仅与天气有关。即便是身处像纽约和新罕布什尔这样寒冷地方的学生（由于在新冠疫情期间必须远程授课，因此学生们身处不同的地方）也认为，在寒冷的冬季去户外是一项积极的活动。

身处户外无疑是一种情绪兴奋剂。正是这个因素决定着运动是否会出现在人们最快乐或最不快乐的活动清单上，预示着晚餐后的时间是出现在"最快乐的活动"清单上（如"和妻子在晚上散步"）还是"最不快乐的活动"清单上（"和妻子看电视"）。我的一个学生当时住在科罗拉多州，他在分析自己列出的"最快乐的活动"清单时发现："我的三项最快乐的活动都是在户外，远离了屏幕。"

我的学生们的发现与一项地理位置研究的结果一致，该研究调查了 2 万名英国人的快乐程度与他们的即时位置间的关系。借助一个智能手机应用程序，研究人员就能全天定位参与者，从而知道他们是在室内、室外还是车里。同时，研究人员也能记录户外的情况。参与者会随机在手机程序上收到一条信息，要求他们记录自己当下的快乐程度以及他们正在做的事。有无数个例子证明：人们在户外更快乐。此外，这种快乐程度的提升并不取决于天气（尽管人们在阳光明媚的温暖天气中的确更快乐）、他们正在做的事（尽管有些特别快乐的活动只能在户外进行，如打理花园或赏鸟）或环境（尽管人们在大自然或绿色空间中比在城市更快乐），而是只需要到户外即可。遗憾的是，无论是出于选择还是义务，人们每天都有约 85% 的时间是在室内度过的。

这就是我不喜欢在跑步机上跑步的原因。无论是在费城还是在洛杉矶，去户外晨跑对我来说一直很重要。（唯一不同的是，在费城晨跑时我需要穿更多的衣服，用发带给耳朵保暖。）我从和前未婚夫合租的帕洛阿尔托公寓搬出来后，在旧金山花略高的价钱租下了一套公寓，因为它距离海湾只有几个街区。在那里我碰到了心爱的室友，而且每天能去户外边锻炼边欣赏金门大桥，这些都是帮助我重拾快乐的重要因素。

所以，你无论是要运动还是要打电话，都尽量想办法把这项活动转移到户外，这样你就能呼吸新鲜的空气，心情也会跟着变好。

黑暗面

正如前文所述，找出最不快乐的活动有助于我们更好地投资自己的时间，告诉我们不应该把时间浪费在哪些活动上。虽然我们经常认为悲伤是无法感同身受的，但我们不快乐的根本原因是一样的——人性是可预测的。如果一项活动阻碍了以下三种本能需求中的任何一个：关联性（感觉与他人产生了联系）、自主性（感觉能控制自我）或能力（感觉自己有能力），那么这项活动可能会让你感到不快乐。[24] 接下来我们将深入讨论这三种本能需求，以便了解你今后要避免哪些类型的活动。

孤独

正如我们所见，人类天生需要归属感和与他人的联系感，这就解释了为什么在社交活动中我们往往感到最快乐。反过来讲，独自一人的活动往往是我们最不快乐的活动。[25] 需要特别强调的是，独处或独自一人做某项活动并不一定是消极的体验（平日我需要应对孩子和同事们提出的各种要求，因此我很享受难得的独处时间）。然而，当从事的活动让我们感到孤独时（如在社交媒体上窥探别人的社交生活），我们就会遭受情感上的打击。正如约翰·卡乔波在其开创性著作《孤独是可耻的》中所说，孤独感是导致抑郁的最直接因素。[26]

为了避免产生孤独感，你要保证每天至少参加一项社交活动。这很简单，不需要花费你很多时间。例如，你只需关闭手机上正在使用的社交媒体应用程序，然后给某个朋友打个电话，进行真正的交谈。或者在你走进办公室时，主动和同事真诚地交谈，聊聊生活中发生的事。如果你工作的地方没有其他人，那就去一个人多的地方，在那里展开对话。研究表明，与陌生人主动交谈没有你想象的那么尴尬，而且最终会让你们双方都感到更亲密、更快乐。[27] 我知道，对害羞的人来说，置身于这样的情境之中可能听起来很可怕，但请相信我，我也是一个内向的人，这件事并没有那么可怕。请记住，这只是你为追求更大的快乐而采取的一个小行动。你周围的咖啡店就是挑战这项勇敢任务的一个好地方。与其在家里冲一杯咖啡，不如穿上外套，去咖啡店买咖啡，在排队等待时和别人主动搭讪。当你准备与一个完全陌生的人交谈时，我建议你不要像罗布那样用一个尖锐的私人问题开启谈话。也就是说，不要用亲密关系诱导任务的最后几个问题开始提问。相反，聊聊你们周围的环境，比如天气和路过的那只可爱的小狗。这个方法尽管听起来很老套，却能以一种简单而又舒服的方式激发出人们之间的联系感。

义务

我们想要在生活中感受到掌控感，即我们可以选择自由支配自己的时间。因此，我们不喜欢由别人来告诉我们应该做什么，这也解释了为什么工作和家务频频出现在人们"最不快乐的活动"清单中，因为这两项活动是我们必须做的。事实上，时间追踪研究发现的三项最不快乐的活动中就包括它们。[28] 然而，我的学生们的反思表明，与工作有关的活动带来的不快乐不是源于工作本身，而是感觉到自己被其他人支配，要根据他人的时间表行事，这些是最让人讨厌的部分。在家里，必须做饭成了一件苦差事。在下一章中，我们将讨论如何把你必须做的事情变成想做的事情，帮你找出哪些事情可以外包出去，哪些事情根本不需要做。

浪费

当我们完成目标并在待办事项上打钩时，我们感到收获满满，自我感觉良好。因此，当我们把时间花在毫无意义的活动上，而这项活动既没有产生任何价值又让人不快乐时，我们就会感觉时间被浪费了。以我自己为例，我花了乏味的几百小时来策划一场最终没有举行的婚礼，这让我感到非常痛苦。这简直太浪费我的时间了，我本可以把它们花在其他更有价值的事情上。研究表明，每个人都讨厌浪费时间，讨厌程度甚至超过了浪费金钱。[29] 浪费时间让人感到非常痛苦，因为时间不像金钱，一旦失去就永远不会回来。时间一去不复返，你永远都不可能再拥有它。

因为我的学生们认为下面三项活动是在浪费时间，所以他们认为这些活动是最不快乐的：不必要的工作会议、漫无目的地刷社交媒体上的负面信息，以及通勤。时间追踪练习还揭示了我们每天浪费了多少时间。分析时间追踪数据的另一个步骤是统计在各项活动上花费的时间。

练习：时间追踪

第三部分：计算你当前时间的分配

以你在时间追踪表上收集到的所有数据为基础，量化你在这几周内花在各项活动上的时间。要做到这一点，首先你需要把花费的时间归类，如睡觉、通勤、工作、和朋友出去玩、和家人出去玩、运动、个人护理（如早晚的洗漱准备）、提前备餐、看电视、刷社交媒体和阅读等等。这么做的目的是全面了解你把时间花在了哪些活动上，因此分类要尽可能具体，而且对你来说要有意义。例如，"工作"这个分类可能太宽泛了，无法说明你在这段时间内具体做了什么。因此，你可以把它再细分，分为构成你工作日的各种类型的任务。例如，我的工作可以按其意义分为与研究有关的活动（包括写书）、与教学有关的活动（包括上课时间和备课时间），以及其他活动（包括参加会议、回复邮件等）。把这些活动区分开来是有帮助的，因为我对每一类活动的体验都截然不同。

在对所有的活动进行分类后，接下来你要计算在每一类活动上花费的总时间。你可以一天一算，也可以几周一算。此外，通过记录每天起床和睡觉的时间，你就能准确知道自己清醒的总时间。用清醒的总时间作为分母，每项活动上花费的总时间作为分子，你就可以计算出每项活动所占的时间比例。

通过这些计算，你就能清楚地知道当前你是如何花费时间的。有了这些有用的（有时甚至是令人惊讶的）信息，再加上与之对应的平均快乐评分，你就能决定今后应该在哪些活动上分配更多或更少的时间。

计算结果可能令人警醒。我的一个学生辞掉了工作，放弃了两年的收入来攻读 MBA，她惊讶地发现，在清醒的时间内，她花在看电视上的时间最多（占 20%），这一数值超过了她花在上课和做作业上的总时间（占 18%）。她很懊悔浪费了这么多时间，她说："我竟然花了这么多时间看电视！有一部分原因是我的爱人最喜欢下班后看电视放松。然而，看到一周内我竟然花了那么多时间坐在屏幕前，我感到震惊和沮丧。"

偷走我们时间的不仅仅是电视屏幕。我有一名在职的 MBA 学生，除去工作和上课的时间，他每天晚上和每周末几乎没有多少空闲时间，他感叹道：

> 在两个星期内，我用来玩电子游戏的时间超过了 25 小时。在追踪自己的时间之前，我根本不知道自己玩了那么长时间……虽然我玩这些游戏时感到很快乐，但它也给我的生活带来了更多的压力，因为尽管我的日程表被安排得满满当当，但我花在游戏上的实际时间远远超过了计划的时间。

认识到当前浪费了多少时间，将有助于你以后少花时间在这些没有实际意义的活动上，从而把腾出的时间花在那些会让你更快乐的活动上。

情绪兴奋剂

还有一类活动，我希望你在决定如何利用时间时加以考虑。即使你在做这些活动时并不总是感到享受，但它们会影响你对一天中其他活动的体验。运动和睡眠能给你提供能量以保证你的健康，它们是非常有效的情绪兴奋剂，有显著的延续效应。正如我在第二章中所说，由于时间有限，我们往往会从日程表中剔除这些活动，因此有意识地给这些活动腾出时间就显得更为重要。进行这些活动有助于你更快乐地度过其他的时间。

运动

如上文所述，运动能增加幸福感。相关心理健康文献指出，运动能减少焦虑、抑郁和负面情绪，并能提高自尊。[30] 运动是一种非常有效的情绪兴奋剂，有项研究显示它治疗抑郁症的效果胜于药物。[31] 运动还可以提高人的认知和执行能力（我们制订计划、处理多重任务和应对不确定情况的能力），从而使我们变得更聪明；它还会影响学龄儿童的数学和阅读成绩。[32]

尽管运动好处多多，但美国仍有 74% 的成年人没有达到健康指南中的标准，即尽可能每天进行 30 分钟中等强度的体育活动。为了让你能体会到运动带来的好处，我在第二章中给你布置了锻炼身体练习。我的一个学生用"改变人生"来形容运动。他告诉我:"尽管我被反复告知要定期锻炼,而且我也知道应该定期锻炼,但直到真正开始运动前,我都不知道它能在多大程度上改变我的生活。"因此,在这里我想借用耐克的广告语:JUST DO IT。

睡眠

睡眠是另一项能让我们更快乐、更聪明的活动,它也能让我们更享受其他的活动。大量的研究证据披露了睡眠不足带来的负面影响,以及持续的充足睡眠带来的积极后果[33],以此来提醒我们睡眠的重要性[34]。然而,如果你像我一样,你就不需要科学来提醒你。在经过一晚上的糟糕睡眠后,我的身体机能急剧下降,同时下降的还有我的情绪和修养。即使我们知道自己需要充足的睡眠,但花在睡眠上的时间却非常有限。我们经常熬夜或早起,试图在有限的时间内完成所有的事情。因此,我会在课堂上给学生们布置花时间睡个好觉的任务。由于这项任务关系到部分课程成绩,所以他们更有动力去睡觉。一旦他们体会到睡眠充足所带来的美好感觉,他们就更有可能定期花时间睡个好觉。

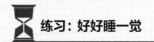

练习：好好睡一觉

　　现代生活让我们感到筋疲力尽的原因之一是我们一直缺乏充足的睡眠。为了改变这种状态，在接下来的一周里，至少有4个晚上要保证7小时的睡眠（但我会睡上8小时）。当然，我知道你这周超级忙：要在截止日期前完成任务、要参加活动、要办些事情等等。我并不是没有同理心……但是就按我说的去做吧！

　　本周挑选4个晚上睡个好觉，并把这些日子在日历上标出来。此外，一定要保持良好的睡眠习惯：睡觉前不看任何电子设备，下午尽量不喝咖啡，晚上尽量不喝酒，这些都能让你睡得更香。

　　每年我都会邀请阿隆·阿维丹博士给我的学生们做一次演讲，教他们一些获得良好睡眠的方法。阿维丹教授是睡眠障碍方面的专家，同时也担任加州大学洛杉矶分校格芬医学院神经学系的副主任。他给出了以下建议：

　　◆ 有规律地保证至少连续7小时的良好睡眠。

- 你的卧室只能用于睡觉！而不是用来刷屏幕（蓝光会抑制黑色素，让你的大脑以为是白天）。
- 睡前不要进行任何令人兴奋或令人焦虑的阅读（如看新闻或谍战小说）。
- 下午3点后不要再喝咖啡。
- 下午3点后不要再运动。
- 晚上不要喝酒（虽然酒精可以帮助你入睡，但它也会让你的睡眠碎片化，导致你在夜间醒来多次，第二天早上你就会觉得没睡好）。
- 如果你睡不着，那就下床到另一个房间去看一些无聊的东西。
- 养成规律的睡眠周期：每天同一时间起床，沐浴早晨明媚的阳光。
- 让你的卧室保持凉爽（约18摄氏度）、黑暗和安静。
- 褪黑素、酸樱桃汁、热牛奶、火鸡肉和香蕉有助于你入睡。
- 15分钟的小睡=200毫克咖啡因；但是如果你要小睡，一定要在下午1点至3点之间睡，并且不要超过30分钟。
- 你不能训练自己减少睡眠！

决定自己的快乐程度

柳博米尔斯基的模型告诉我们，除了天生的性格和所处的幸运（或不幸）环境，我们可以决定自己的快乐程度。通过一些有意的行为，我们可以增加日常生活中的快乐。通过把更多的时间花在能带来快乐的活动上，同时减少花在不能带来快乐的活动上的时间，我们就能享受快乐时光，让每一天更加美好，人生更加充实。本章就告诉你这些活动具体是什么。

要使自己以这些更好的方式利用时间，最简单的一个方法就是更有意识地去思考你的时间。我做过的一些研究证明了将时间而非金钱看作首要资源所带来的好处。[35] 在一项研究中，我给参与者展示了卡尼曼列出的日常活动清单，询问他们在接下来的24小时里会做其中的哪些活动。但在他们回答之前，研究人员首先让他们做了一份（表面上）与这项研究无关的问卷，要求他们重新对句子进行排序。这些句子不知不觉间就让参与者接触到了与时间相关的词语（如"小时"和"时钟"）、与金钱相关的词语（如"美元"和"钱包"），或者只有一些中性词（如"植物"和"邮件"）。结果表明，接触到与时间有关的词语的人打算多做些清单上列出的最快乐的活动（如建立亲密关系和社交），少做些清单上列出的最不快乐的活动（如通勤和工作）。我的另一项研究表明，关注时间不仅会影响人们的计划，还会影响实际行动。一家咖啡馆要求所有顾客都要参与一项问卷调查（目的是让顾客无意中接触到与时间有关的词语、与金钱有关的词语或者中性词）。在他们不知情的情况下，他们在咖啡馆的一举一动都被记录了下来。在每位顾客离开时，店员会询问他们的快乐度和满意度。那些在进来时接触到与时间相关词语的人在离开时感到更快乐，因为他们花了更多的时间在社交上。相反，那些进来时接触到与金钱相关词语的人在离开时感到不那么快乐，因为他们花了更多的时间在工作上。

记住这些研究的结果很重要：快乐并不意味着要远离工作，因为（正如我们所知）工作是有意义的。关键在于，对时间的思考会促使我们把时间花在那些能带来个人成就感的活动上。我在那些认为工作有意义的人中重新进行了第一项研究，结果证明对时间的思考激励着他们在工作中做得更多。

因此，本章提到的时间追踪练习不仅有助于你更好地投资时间，还能帮助你获得更多的快乐。首先，追踪你当前如何利用时间的过程会让你注意到时间这一宝贵资源，从而让你思考该如何利用它。我的学生在追踪他们的时间时，会更慎重地利用自己的时间，从而更好地投资时间。此外，通过给每项活动的快乐程度打分，你就能知道哪些活动更值得投资。所以，坚持做一两个星期的时间追踪练习吧。这个过程可能会很乏味，但绝对值得。这个练习会提醒你不要浪费时间，促使你把时间花在与他人建立真实的联系上，从中你会获得更多的快乐和成就感。

◇ 除了你所处的环境和与生俱来的性格，你如何利用时间会对你每天和一生的快乐程度产生重大影响。

◇ 因此，你可以选择通过更好地利用你的时间，来获得更多的快乐。

◇ 一般而言，最快乐的活动是与家人和朋友在一起，以及到大自然中去。

◇ 一般而言，最不快乐的活动是通勤、做家务和带薪工作。

◇ 有趣和意义紧密相关，但有一些活动有意义却无趣（如工作），还有一些活动最初会让人觉得很有趣，却没有意义（如看电视）。

◇ 运动和充足的睡眠是非常有效的情绪兴奋剂，会让你一天中的其他活动变得更快乐。

◇ 各种活动带来的快乐程度因人而异，甚至同一个人在重复做这些活动时感受也不一样。为了确定哪些活动和它们的哪些特征能给你带来快乐，你需要追踪你的时间和你当时的感受。

◇ 对不同的人群和时代而言，有一个共同的真理是社会联系会产生巨大的快乐。拥有稳固的人际关系和归属感至关重要，因此花时间来培养这些关系是一项很好的投资。

第四章

变不快乐为快乐：
减少时间浪费

没有比浪费时间危害更大的了。

——米开朗琪罗

如果我让你形容平常的一天，我打赌它会是这样的：闹钟嗡嗡作响后，你疲惫地从床上爬起来，收拾收拾准备去办公室。如果你开车去上班，路上你会打开收音机。如果你坐车去上班，路上你可能会花时间看手机。坐在办公桌前，你做的第一件事是处理成堆的邮件，把今天的待办清单先抛在脑后。等到你开始投入"真正的工作"时，你发现需要花费的时间远远超出了你的计划，所以你一刻也不停歇地工作，即便是在吃午饭的时候也没有停下，为的就是能在晚高峰前下班回家。回家路上，你买了晚饭需要的食材，取了干洗的衣服。回家后，你开始做晚饭。吃完饭、洗完碗后，你又洗了一堆衣服，把它们一件件挂起来。做完所有的家务后，你就躺在了沙发上，漫无目的地切换着电视频道或是刷着手机。接着，你终于意识到已经过了睡觉时间，于是从沙发上爬起来躺到了床上，设置好闹钟，新的一天又要来了……

日复一日，我们每天醒着的大部分时间都花在通勤、上班和做家务上，而我们刚刚在前文中了解到，这些活动正是最不快乐的活动。这样的生活是一种折磨，难怪新冠疫情有所好转后，很多人决定不回去工作。我的学生们对于时间追踪的分析表明，这些活动让人痛苦，因为我们必须花时间做这些事情，而我们并不知道这些活动有何价值。在这些活动上花费时间有些是出于义务，有些是浪费时间，有些二者皆是。

　　当然，你可以选择跟风辞职，这样你就完全不用理会这些活动了。然而，这样的想法并不现实，我们大多数人都需要工作，而且大多数工作是要走出家门去完成的，所以你需要通勤。除非你能接受一个又脏又乱的家和一个心怀不满的爱人，否则每个人都需要做家务。但你所拥有的时间就那么多，这些乏味的事情你也躲不过，所以必须做出一些改变。

　　好消息是，这一切都是可以改变的，你可以成为改变它的那个人。更好的消息是，你并不需要做出像辞职或搬家这样巨大的改变。你可以对这些活动做一些有理有据的小改变，从而使它们变得更有价值，把它们变成你想做的事情，而不是不得已才去做的事情。在本章中，我将分享一些特别简单的方法，通过这些方法，你可以让最不快乐的时间变得快乐起来。

家务未必是苦差事

花钱买时间

安吉拉的丈夫坚持要雇人打扫他们的公寓，但她拒绝了。每月要 300 美元，足够买下那条漂亮的黑色连衣裙了，她已经隔着橱窗盯了好久。或者这笔钱可以存入银行账户以备不时之需，再或者她碰到其他想买的东西时可以使用这笔钱。另外，她觉得自己和丈夫能打扫自己的公寓，而且她肯定会比雇来的人打扫得更仔细。

最近的一个星期日早上，安吉拉和丈夫又争吵了起来，原因是在公园玩时，安吉拉焦急地催着丈夫和双胞胎儿子离开，以便能及时回家，回家后她要打扫厨房和浴室，而丈夫要拖地。吵完后，安吉拉联系了朋友推荐的一家清洁公司，她的朋友打包票说这家公司的服务很好。

就这样，她和丈夫都同意了雇人打扫卫生。每隔一周，他们会花钱雇人打扫他们的公寓。这给她和她的婚姻带来了直接而持久的快乐。接下来的一个星期六，他们在农贸市场度过了一个轻松的上午，中午又在公园野餐了一顿，下午回到家里时，安吉拉看到刚刚打扫过的屋子非常高兴。木地板闪闪发亮，沙发靠垫圆鼓鼓的，并且摆放整齐，电视屏幕一尘不染，更让人开心的是，她和丈夫有时间陪儿子们度过剩余的周末时间了。

通过雇人打扫卫生，安吉拉和丈夫有了更多闲暇时间，她也不用在这段时间内或提前就开始担心打扫卫生的事。此外，她也不需要花时间催促丈夫。丈夫也同样高兴，因为他再也不会被催了，他们终于可以接受朋友们的一再邀请，去朋友家里烧烤，一起观看周日晚上的足球比赛。

拒绝外包家务却又从外包家务中获益的人不止安吉拉一个。研究人员阿什利·惠兰斯带领团队在美国、丹麦和加拿大的数千人中做了一项调查，问题是："在平常的某个月里，你会花钱把一些任务（如家务和购物）外包出去吗？"只有不到三分之一的人表示会，这意味着超过三分之二的人没有把家务外包出去过。原因并不仅仅是经济能力不足，因为阿什利团队采访的一群百万富翁中也有一部人表示不会外包家务。[1]

人们有权自己决定是否花钱外包他们不喜欢的家务。然而，他们可能没有意识到这么做对他们的总体快乐感有多大的影响，也没有意识到这么做可以让他们把腾出的时间用在更有价值的活动上。事实上，阿什利的团队还要求受访人说出他们对生活的满意度。结果显示，在统计过程中控制其他变量（如受访者的收入水平、年龄、性别、婚姻状况以及家中是否有孩子）的情况下，那些把家务外包出去的人往往对生活的满意度更高。也就是说，花钱买空闲时间的人比不这么做的人更快乐。

但是那些没有闲钱的人怎么办呢？如果你入不敷出，而且所有的开支都是基本开支，那么这个方法可能不适合你。然而，如果你有权决定自己的支出，那么这个方法实际上是在强调，花钱买更好的时间而不是买更多或更好的"物品"，是有好处的。有研究确实警示我们，与购买更好的体验相比，购买物品带来的快乐感明显更少且不持久。[2] 此外，阿什利团队的分析结果表明，外包家务带来的积极影响并不取决于收入水平。花钱买时间可以使大多数人受益。无论你有多少钱，时间对每个人来说都一样宝贵。

我不是建议你把所有的家务都外包出去，让别人承担你的所有事情，而你自己则惬意地闲逛。也许你不介意打扫你的房子，但每两周清洁一次地板就足以让人厌烦，而且会毁掉整个周末时光。只要把一项家务外包出去，可能就会给你的生活带来很大的不同。另外，请记住我在第一章中所说的，整天无所事事的生活并不是最快乐的生活。[3] 我们希望在自己的时间里有所收获，因为它让我们有了目标感。

阿什利团队的研究给我们带来的最关键的启示是，当我们的生活被太多的琐事填满，没有时间去做自己真正在意的事情时，我们就会对生活感到不快乐、不满意。如果你要花很多时间打扫房间、买菜、做饭、组装从宜家买来的家具、洗车、送取干洗的衣物……再加上 8 小时的上班时间和额外的通勤时间，那你一天中一点儿空闲时间也不剩了。然而，如果你花点儿钱来给自己腾出一些时间，你就可以用这些时间去做对你来说真正重要的事情了。你可以更有效地使用买来的时间，把它们花在那些更快乐、更有意义的活动上。阿什利团队的数据表明，当人们把节省出来的时间用来与朋友和家人在一起时，他们的确感到更快乐。[4] 研究数据还表明，花钱购买闲暇时间的夫妻有了更多的二人世界时间，对婚姻生活感到更满意。[5]

因此，尽管安吉拉不愿意，但还是雇了人打扫房子，这一决定是明智的。这样做为她节约了最重要的资源。

现在想想看：哪些家务你可以外包？有没有哪些地方可以让你花钱从而给自己节省出时间？幸运的是，聪明的企业家和商人已经意识到这种被抑制的消费需求，为此他们推出了各种各样的省时服务和产品。我会自觉地把一些任务外包出去，而且我讨厌做饭。如果家里没有讲究饮食的客人，我就会拿冻豌豆和冻卷饼当晚餐。因此，当我打开本周的外卖，看到上面的留言时，不由得笑了起来，上面写着："这个盒子为你提供了最珍贵的礼物的原料——家庭时间、个人时间、游戏时间……用来挥霍的时间。"

虽然在工作日做晚餐对我来说是件苦差事，但德娜不这样觉得。对她来说，这是一个充实而又富有创造力的发泄途径。每周初，她就会提前计划好这周的晚餐，方便她列出每天早上去最喜欢的专卖店购买食材的时间。下午 3 点，她接三个孩子放学，然后把他们送去不同的培训班，等到回家已经筋疲力尽了。5 点她就准时躲进了厨房，这是属于她自己的时间。德娜熟练地搅拌着各种新调料，制作着美味佳肴，以便家人围坐在一起吃饭时会更享受。对她来说，烹饪是她思考的时刻，是她的爱好，不是一件烦人的事。

因此，请谨慎确定什么事对你来说是苦差事。不要把那些你的朋友们觉得很累但你很喜欢做的家务外包出去。你要认识到你有决定权。现在，你知道了时间比金钱更宝贵，你可以选择怎么去消费了。

捆绑快乐多

对于你选择不外包的家务，你可以采用所谓的捆绑策略，从而让这段时间不那么烦人。

凯蒂·米尔科曼带领团队在宾夕法尼亚大学开展了一项研究，展示了他们所说的"诱惑捆绑"的好处。[6] 这个简单（但有效）的方法是，只要你把不喜欢的活动与其他有吸引力的活动捆绑在一起，你就能让这些烦人的活动变得更有吸引力。对宾夕法尼亚大学的本科生来说，在健身房的跑步机上跑步并不快乐（但这是他们应该做的，目的是消耗深夜吃的费城芝士牛排产生的热量）。在一项研究中，凯蒂的团队告诉学生在跑步机上跑步时可以听喜欢的有声小说（当时《饥饿游戏》最受大学生喜爱）。当运动与凯特尼斯如何在下一次冒险中幸存的刺激情节捆绑起来时，这些学生去健身房的次数增加了51%，而且他们自愿在跑步机上待更长时间。

要把这个方法用在做家务上，你只需把"必须"要做的家务与你喜欢做的事情联系起来。以叠衣服为例：面对眼前装满干净衣服的烘干机，你可以利用这个时间听听躺在你最近播放列表里的有声书或播客，或者给朋友打个电话，把免提打开，这样你的手就能腾出来叠衣服了。或者，你也可以把要叠的衣服都堆到沙发上，然后打开最新一集喜欢的电视节目。不一会儿，你就会发现衣服都叠好了，你看电视看得太开心了，舍不得停下来把衣服收进抽屉。学习了这个方法后，我的一个学生每次去食品杂货店时都坚持买一样新奇玩意儿。他将买菜这项任务与"探险"联系起来，说这是一场愉快的食物冒险，这样一来，买菜这项任务就没有那么烦人了。

有必要让工作时间变得快乐

正如我们所见，一般而言，工作时间是人们一天中最不快乐的时间之一。[7] 只有一半的美国上班族对工作感到满意，只有三分之一的人能完全投入工作。[8] 许多人不喜欢自己的工作，上班的时候只是盯着时钟，等着下班回家。然而，工作占了我们一半以上的清醒时间，占据我们生命的巨大比重，不能虚度。[9] 尽管我们试图将工作与生活分开，但工作中的不快乐会蔓延至我们的生活中。研究表明，工作满意度是总体生活满意度的一个重要决定因素。[10]

既然知道了工作时间占据我们生命中的绝大部分时间，我们就有必要让工作时间变得更快乐。怎么才能做到呢？

让我来给你讲讲坎迪丝·比卢普斯的故事。当研究人员询问她的工作时，她说道：

> 我爱病人，我爱我的病人。我可以为病人付出很多。因为当我感觉不舒服或者不得已要做手术时，唯一能让我坚持下来的就是工作……开个玩笑，工作只是让我感到愉快，保持积极向上的态度。这就是我在工作中最享受的部分。在这里工作太快乐了。实际上，我认为这里就是"希望之家"。

你能猜出坎迪丝做的是什么工作吗？是什么工作能让她每天都期待着上班？你能想象她是从哪里获得这般积极情绪，从而帮助她度过情绪低谷、与病痛做斗争的吗？

坎迪丝是一家癌症中心的清洁工。她所描述的"希望之家"，一个"快乐"的工作场所，实际上是患有绝症的病人接受化疗的地方。在上班时间里，她身边都是些病得很重的人，他们的家人都既担心又害怕。与同她一起工作的医生不同，她没有高级的头衔。比较官方的说法是，她负责打扫医院一楼的房间和卫生间，由于化疗会产生呕吐副作用，所以她通常需要清理呕吐物。乍看起来，坎迪丝的工作一点儿也不让人快乐。

然而，不知为何，坎迪丝很享受她的工作时间。她在这个岗位上一干就是十多年，而其他人连一年也坚持不下来。她热爱这份工作，因为她知道自己为什么要做这份工作。坎迪丝在工作中有明确的目标：帮助病人过得更快乐。[11]

坎迪丝的工作职责中并不包括她自己设定的这个目标。事实上，她在工作中所做的事情远远超过了职位描述中的要求。除了让医院一楼保持干净，她还为这里带来了光亮。她给病人和病人家属讲笑话，让他们感到舒适，在他们需要时递给他们冰块、纸巾或一杯果汁。她发自内心地关心这些病人，也关心负责治疗他们的医生和护士。她喜欢帮助他们，并且很擅长。她用她的幽默、热情和乐观点亮了这里。她在工作中给自己设定的目标符合自身的价值观和优势。

虽然这个例子很极端，坎迪丝也是个非常善良崇高的人，但明确自己的工作目标确实会给我们带来普遍而深远的影响。越来越多的证据表明，即使你从事的工作并不完美（实际上，没有一份工作是完美的），但如果你将工作同你的价值观（你在意的事物）、你的优势（你擅长的事物）以及你的爱好（你喜欢的事物）结合起来，你就会更有动力，在工作上也会表现得更加出色，对工作和生活的总体满意度也会提高。[12]

最理想的情况是，你能够拥有一份自己在意的工作，在这份工作中你有明确的目标，也表现得非常出色。然而，现实可能并非如此。坎迪丝的故事对我们特别有帮助，因为它表明，无论从事什么样的工作，只要你知道为什么要做这份工作，并且能投入其中，你就能在工作中获得快乐。此外，明确工作目标甚至可以指导你重新安排工作日的计划，这样你就能在工作时间更快乐。

组织行为学研究者贾斯汀·伯格、简·达顿和埃米·沃兹涅夫斯基联合开发了一种工具，可以引导你明确自己的工作目标，他们将这一过程称为工作重塑。[13] 这个工具要求你用不同的方式看待自己的工作和工作任务，改变你度过工作时间的方式，以便你实现最终的工作目标（目标由你确定）。我给我的学生们布置了这个工作重塑练习，希望能帮助他们在工作时间变得更快乐，获得更多成就感。在带领数百名学生完成工作重塑这一过程后（我自己也做了），我发现有两点真正有益于我们：明确目标和结交朋友。下面分别谈谈这两点。

明确目标

你为什么要从事现在的这份工作？我不是在问你的同事，也不是在问你们这一行中的代表人物，我是在问你。我所说的工作是广义上的工作，即你投入时间、精力和才能的领域。它可以是你目前的工作，也可以是你的专业，而且它不一定是带薪的。在家带孩子毫无疑问也是一份工作。

如果你立即回答"只是为了赚钱"，那么我建议你寻找一个更高层次的目标——一个能从另一层面回答这个问题的理由。这么做是为了你自己，为了你眼下和未来的快乐。有项研究调查了不同职业、不同职级和不同收入水平的员工，结果表明，那些把赚钱视作首要工作目标的人对工作和生活的总体满意度明显较低。[14]

明确自己的工作目标（除了赚钱）会让你在当前的岗位上坚持更长的时间，即使工作中不可避免地会有一些烦人的地方，但有了目标你也就有了坚持的动力。以坎迪丝为例，有时候她的工作真的很艰难。每当有病人在与癌症的斗争中失败而离开人世时，她的内心都无比挣扎。但是坎迪丝能够坚持下去，并且对自己的工作更有信心了，因为她知道，她曾让这位病人及其家人在医院感受到一丝温暖。

赖莉从事着一个完全不同的职业，她的经历也是一个很好的例子。她是一名私人教练，负责帮助客户制定和执行运动方案。赖莉认为她的工作目标远不止这些。她的目标是帮助人们获得良好的自我感觉，即更强壮、对生活更有信心。当有客户向她抱怨自己不能完成某些事情时，赖莉会鼓励他们，帮助他们认识到实际上自己能完成的事情。这也是让她感到欣慰的地方。然而，她并不喜欢自己工作中的一切。她讨厌推销自己，也讨厌花时间在镜头前录制健身视频并发布到网上。但为了维持业务，她必须推销自己的服务，必须制作视频。因此，她激励自己去做这些并不喜欢的工作，不断提醒自己这些工作可以让她接触到更多的人，从而帮助更多的人变得更强壮、更自信，这是值得的。

正如我们在上一章中所说，意义和幸福感紧密相连。明确你的工作目标会让你在工作中保持动力，全身心投入，获得更多成就感和满足感，这个目标就是你要花时间以及要做这些任务（包括不喜欢的任务）的根本原因。[15] 你的工作目标不需要像坎迪丝和赖莉那样是为了别人。帮助他人是一个常见的意义，但还有许多其他的东西同样值得我们去追求。

例如，马特是一名专业摄影师，他的工作驱使他不断创造。他表示，在做其他工作时，"任何人都可以对你指手画脚，我并没有什么特别的东西，但我创作的作品是我自己的，是我把它带到了这个世界。"马特强烈地感觉到，作为一位年轻黑人，摄影师这份工作让他在社会上有了立足之地，他对社会做出了贡献。他说："当我脑海里出现某样东西时，我虽然不能把它画出来，但我可以在看到时把它拍下来，我赋予了它生命。"

现在，马特已经在摄影行业小有名气，对社会正义的渴望驱使他继续创作。他这样描述自己的工作目标："拍摄出反映人们及其生活方方面面的故事的照片，这些故事之前没有被讲述过，或者没有被恰当地讲述过。它们没有被公平地或包容地讲述出来。"他的目标很明确，他想通过自己的工作，"让更多的人把自己看作艺术品——看到自己身上的美丽和价值，觉得自己应该被更多人看到"，并且让其他人也这样看待他们。马特介绍自己的工作时会说自己靠拍照谋生，拍摄名人或模特的照片用作杂志的版面或电影的宣传材料，但他的工作目标显然不止于此。通过拍摄不同肤色的名人和大体型的模特，他把自己对包容和公平的愿景变为了现实。通过自己的艺术作品，马特创造了一个更美好的现实世界。

因此，在确定你的工作目标时，要跳出这份工作固有的框架去思考，还要跳出人们对你所从事职业的描述方式。以亚历克斯为例，他从事金融行业，拥有一家资产管理公司，他的工作内容是为超高净值客户投资，经营他们的储蓄投资组合，从而为他们赚更多的钱。但当你问他工作的动力是什么时，他会说是维护客户的情感健康，而不是赚取客户的钱。他特别热衷于在离婚诉讼中为人们提供财务建议。他解释说，除了失去孩子，离婚是一个人所能承受的最具毁灭性的打击之一。亚历克斯认为他的工作目标是帮助人们度过艰难时期，让他们相信一切都会好起来的。

作为一名大学教授，我的工作内容是开展研究和教学，为学校提供行政服务。在做工作重塑练习的过程中，我开始问自己为什么要从事这份工作。我最初的回答是（借用一个同事的回答），为了创造和传播知识。而我的那些行政职责，比如在委员会任职和担任市场营销领域机构的主席，都是次要的。

然而，在考虑了一段时间后，我意识到，学术界的这个总体目标并不是激励我从事大学教授这个职业的真正原因。所以我强迫自己从另一个层面来思考原因。为什么我有动力去创造知识并与学生分享？是的，我想帮助学生们变得更聪明。但说实话（你可能已经猜到我要说什么了），我真正关心的是他们的快乐程度。我希望我的学生在做决定时更加睿智，这些决定会影响他们在生活中感受到的快乐和对生活的满意度。那些让我彻夜难眠的研究项目，以及那些让我心潮澎湃的讲座，都与如何变得更快乐有关。

我再一次问自己为什么要从事这份工作，第三次思考让我终于确定了自己的目标。我的工作目标不是研究、教学和服务，而是创造关于快乐的知识、传播关于快乐的知识，以及在加州大学洛杉矶分校培养快乐。毫不夸张地说，工作重塑练习让我意识到，我找到了自己的使命所在。它告诉我，我正在从事我非常在意的工作，这一点反过来又让我在工作中更有成就感、更快乐。

了解了我的工作目标，我就知道了该如何安排自己的时间，哪些项目和委员会职务要接受，哪些要拒绝。如果一个博士生带着他的研究想法来找我，而我觉得这个想法能让我更深入地了解是什么让人们感到快乐，那么我很可能会同意指导这项研究。如果有人想深入学习我开设的关于快乐的课程，我会欣然答应教他。然而，如果某个由学生组织的关于有效社交媒体活动的会议邀请我参加（鉴于我是一位市场营销学教授，这是一个合理的邀请），我会果断地拒绝。

明确首要目标还有一个好处，它让我重新审视我对某项任务的看法。知道这些任务是否有助于我完成自己的使命后，我在做这些任务时会更有动力，感到更愉快。例如，我不喜欢回复电子邮件。然而，如果我将与合作者的邮件往来看作是在"创造关于快乐的知识"，而将与学生的邮件往来看作是在"传播关于快乐的知识"，我突然发现回复邮件这项任务变得更有价值、更令人满意了。

现在轮到你问自己了。你的目标是什么？我知道这是一个令人望而生畏的问题，所以试着深呼吸，给自己倒一杯烈酒或浓茶，然后头脑风暴一下你为什么要从事现在的工作。当你得出一个相当有说服力的答案时，再问自己一遍：为什么这对你很重要？你甚至可以再问一遍，挖掘更深层的答案。切记，在这个练习中，你确定的目标最终只对你自己重要。确定目标对你来说是一种解放，因为这意味着你衡量成功的标准不会由他人来定义。你会有自己独特的标准，这会让你始终拥有内在的动力，同时也会引导你不要通过与同龄人的比较来监督自己的表现。

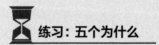

练习：五个为什么

要想确定你的目标，知道是什么从根本上激励着你，你需要问自己："我为什么要从事现在的工作？"第一个答案通常与赚钱有关，或是照搬字典上对该工作的定义。但是说实话，这并不是激励你早上起床的原因，也不是能让你高兴地去"上班"并且第二天依然如此的原因。即使你已经赚了钱或是取得了进步，你也不会感到满足。因此，深入挖掘你的第一个答案，再问自己一遍"为什么"。为什么第一个答案中的事情对你很重要？然后，为了更深入地挖掘你的潜在动机，接着问自己"为什么会是上面这个答案"。当你问了自己五遍"为什么"后，你很可能已经知道了做这份工作的根本原因，这就是你的目标。

1. 为什么？

_____

2. 为什么它是重要的？

_____

3. 我为什么在意它？

_____

4. 为什么是它呢？

_____

5. 最后，我的理由是什么？

_____

结交朋友

盖洛普的调查中有这么一个问题，乍一看可能很傻："你在工作中有最好的朋友吗?"[16] 尽管这个问题听起来像是三年级小学生问的,但实际上它很有深度。根据人们对这个问题的回答,研究人员就可以预测他们的快乐程度。盖洛普的分析显示,在美国,只有五分之一的员工在工作中有一位好朋友。这五分之一的人在工作中的投入程度是其他人的两倍多,他们在工作上的表现更出色,也感到更快乐。正如前文所说,在工作中体会到更多的快乐会增加我们在生活中的总体快乐度和满意度。

我们在上文中提到的时间追踪研究也与这个问题有关。时间追踪研究表明,人们一天中最不快乐的时间是工作时间,而最快乐的时间是社交时间。这说明,如果你在工作时间内开展一些真实的人际交往活动,你的工作时间会变得更快乐、更有意义。因此,基于我自身的经验,我建议你在工作中多交朋友。

然而,难点在于,时间贫困会让我们在工作日卖力工作。办公室有这么多事情要做,家里又有那么多任务等着我们,我们经常会觉得自己太忙了,没有时间和同事交流。在饮水机旁花几分钟的时间和同事说笑似乎是对工作的不负责任,因为你本可以用这些时间来检查你的待办事项……但就像我之前说过的那样,重要的是把时间花在那些值得的事情上,而不是仅仅追求效率。

花时间在工作中结交朋友是值得的。我们清醒的大部分时间都在办公室度过,如果把这些时间都花在痛苦的工作上,那就是一种浪费。你必须摒弃这样一种观念:在工作场合中不能展现出真实的自我。珍妮弗·阿克和娜奥米·巴格多纳斯在他们合著的《严肃地讲幽默》（*Humor, Seriously*）一书中提到，把你的幽默感带到工作场合有助于你在工作中取得更多的成就，同时也能培养更紧密的关系并带来更多的快乐。[17]

如果你是全职父母，这个建议同样适用于你。如果你的工作内容是参加孩子学校的委员会、在当地的图书馆或博物馆做志愿者，或在游乐场照看你的孩子，那就在这些地方交个朋友吧。无论你朝九晚五的时间在哪里度过，这个朋友都会在那里和你一起欢笑，一起庆祝胜利；当你遇到挑战时（不可避免），他（她）也会给予你勇气和鼓励。

杰夫是旧金山湾区一家新兴公司的创始人，负责公司的人才招聘和留任工作，他认识到了职场友谊的重要性。他在客座演讲中告诉我的学生，比起员工在工作中建立的友谊，他实施的所有代价高昂的人力资源制度都收效甚微。受邀参加同事的婚礼或成为同事孩子的干爸干妈，都是员工们不愿意跳槽的原因。如果办公室有个你想见的人，那么你就会有上班的动力，这个人也会帮助你在工作时间获得更多的快乐和成就感。

宝贵的通勤时间

在我们列出的"最不快乐的活动"清单中，通勤的不快乐程度甚至高于工作。你可能还记得，在前文出现过的展示时间追踪研究结果的图表中，通勤排在最下端。[18] 人们之所以如此讨厌通勤，是因为它是一种典型的浪费时间的行为：我们必须花这些时间（有时甚至是几个小时）才能抵达目的地，但这段时间本身是没有意义的。而且我们花在通勤上的时间往往很多。美国人平均每天花一小时的时间开车上下班。对那些乘坐公共交通工具上下班的人来说，耗费在公共汽车、火车和地铁上的时间也不少。[19] 在整个通勤时间里，我们都处于一种等待的状态，等着上班，等着回家。

在理想的世界中，你会尽量减少通勤时间。你会选择一份离家近的工作，或者一份不用天天去办公室的工作。或者，你会住在一个离办公室很近的地方。也就是说，你不会轻易做出改变生活和工作地点的决定。当你做出这样的决定时，你要考虑多方面的因素。那份需要更长通勤时间的工作可能正是你一直以来梦寐以求的，你不可能放弃这个机会。或者离办公室近的房子价格很高，周围也没有适合孩子的好学校。又或者你的另一半在城市的另一边工作，所以你们两个人里至少有一个要忍受长时间的通勤。

在新冠疫情期间，70% 的上班族突然不用花时间通勤了。[20] 随着居家隔离政策的实施，员工被强制（有些人可能会是被允许）居家办公。我们不用在拥堵的交通中争分夺秒，不用在地铁上和其他人抢座位，我们可以悠闲地走到办公桌前，全程不到一分钟。过去浪费在通勤上的时间现在空出来了，我们可以更好地利用这些时间来工作、运动或放松。人们意识到可以自由支配以前浪费在通勤上的时间，所以当疫情好转需要回到办公室工作时，他们并不愿意，这并不奇怪。[21]

　　然而，并非每个人都讨厌通勤。就拿吉姆来说，他和妻子还有两个孩子住在新泽西州，这是他们精心挑选的地方，因为这里人与人之间往来密切，还有很好的学校。但这里离吉姆上班的地方很远，他在曼哈顿的一家大医院担任理疗师。光是单程的通勤就要两小时，他需要从火车转到地铁，然后还要步行 4 公里，每天都要这么折腾两趟。令人惊讶的是，吉姆并不讨厌这样的通勤，他甚至喜欢通勤。他会在火车上看谍战小说，在地铁上看报纸，下车后在车站外的商店里买杯咖啡，边喝咖啡边往办公室走。他留心商店橱窗的变化，树木的四季变换；他向每天跟他不期而遇的遛狗者点头致意；他在心里为今天一天的工作做着准备。下班回家时，他摆脱了病人带来的压力，从容地往回走。在火车上又看了一章谍战小说。走到家门口时，他感到神清气爽，头脑清晰，想马上给妻子一个吻，然后辅导孩子们写作业。

　　吉姆的通勤和许多人经历的那种典型的痛苦通勤有什么不同呢？对吉姆来说，花在通勤上的时间并没有被浪费，而是很有价值。他可以在这段时间内阅读。他在家里不会沉迷于谍战小说，因为要全心全意陪妻子和孩子。上班途中的步行让他有时间在户外活动身体，观察城市的生活，进行深度的思考。这是属于他自己的时间，也是一天中唯一完全属于他的时间。他不会为了赶着上下班而匆忙度过这段时间（不然他会直接坐地铁到医院附近下车）。

　　吉姆的通勤例子给我们提供了一个重要的线索，告诉了我们该如何更好地利用这段通常来说让人备受折磨的时间。他采用了我们前文中提到过的捆绑策略。捆绑策略可以让做家务变得更快乐，而吉姆则是把通勤时间与他的阅读、锻炼和思考时间捆绑在了一起。他把这段时间变废为宝。

　　与其像往常一样漫无目的地听听收音机或刷手机，不如在往返于家和办公室的这段时间内有意识地做些事情。以下是一些你在通勤途中值得花时间做的事，供你参考。

　　如果你开车上下班，那么你需要做一些不用手操作也不用眼睛看的活动：

> ◆ 听有声读物。我经常听到人们说，他们希望有更多的时间来阅读。如果你每天在上下班途中能抽出 30 分钟时间听有声书，那么每过几周你就能听完一本新书，甚至最终你会因此决定加入读书俱乐部。跟上读书俱乐部的阅读进度可能是一种挑战，但这种捆绑策略可能会帮助你应对这一挑战，你也会享受在俱乐部中结交朋友。
> 为了能让自己每天兴奋地上车，你可以选择一本引人入胜的惊悚小说，或者一本能让你体验作者别样经历的小说，或者一本能给你提供很好建议的书，

抑或一本历史书、传记或商业书。决定权在你手里，因为这是属于你的时间。

◆ 听播客。有很多精彩的播客，可以让你灵感迸发、获得信息。

◆ 学习一门外语。我从来没有尝试过在通勤途中学习语言，但我知道有一些音频语言课程非常有效。这不仅能让你与更多的人沟通和交流，还能让你未来在度假时能语言无障碍地和服务员点菜。

◆ 打电话给你的父母、成年子女或朋友。你现在已经知道了社会联系能给我们带来巨大的快乐；然而，在满满当当的日程表中，还是很难抽出30分钟的时间专门用来打电话。现在你一直想要的30分钟时间终于有了！你可以利用这段在车上的时间与所爱之人重新建立联系，并在以后保持联系。鉴于你的通勤时间基本是固定的，你甚至可以和同你通话的那个人约好每周固定的通话时间，这样你们就能打破距离的限制，参与到彼此的日常生活中。

尽管乘坐交通工具上下班可能需要戴上耳机，并且禁止大声说话，但它给我们提供了另外一种捆绑选择，因为你可以实时关注你正在做的事情。

◆ 阅读……包括阅读附有插图的书。

◆ 写作。开始写你自己的小说或坚持写日记。

◆ 查看邮件。利用这段时间处理你的收件箱，这样到了办公室或家里你就不用额外再花时间了。罗布承认，他很怀念以前每天坐一个小时的火车往返于费城和宾夕法尼亚车站的时光，因为他能够每天在上班途中读完整份报纸，在下班途中处理好所有的电子邮件，然后带着空荡荡的收件箱和清醒的头脑回家。

◆ 看电视。现在我们的手机上有了流媒体内容，你可以在公共汽车上看家里其他人都不喜欢的电视节目。在这段时间内看你想看的节目可以减少因争夺电视节目而引起的家庭摩擦，也可以腾出看电视的时间做其他事情。

如果你足够幸运，能步行或骑自行车去上班，你的通勤时间自然而然就与户外锻炼的快乐捆绑在了一起。在步行去办公室的路上，你可以捆绑一些其他的活动，如听有声读物或播客，或者打电话和所爱之人聊天。当然，你也可以在广阔的天空下尽情享受这段时间，把它用来思考。你还可以像吉姆一样把通勤时间视作一种财富。

变不快乐为快乐

　　不要屈服于困难。不要把工作时间浪费在等待中。这是属于你生命中的时间，你不能让它白白浪费掉。不管别人告诉你什么，你花在家务、工作和通勤上的时间确实是属于你自己的。至于怎么度过这段时间，你有很多选择。只要多花一点儿心思，你就可以把这些看似浪费的时间变成一种享受。本章中提供了一些策略，可以帮助你把日常生活中传统意义上最不快乐的时间变得更有意义、更有联系感、更加快乐。只要做出一点点改变，结果就大为不同。

本章
核心要义

◇ 通常来说，尽管家务、工作和通勤是最不快乐的活动，但你可以采取一些非常简单的策略让这些时间变得更快乐。

◇ 花钱外包家务，然后把节省下来的时间花在那些更有意义的活动上（如与爱的人在一起）。

◇ 增加你在工作中的积极性、投入度和满意度。

   ● 明确目标——你为什么要从事这份工作。

   ● 结交朋友。

◇ 将通勤时间与你喜欢的活动捆绑起来（例如，在开车途中听有声读物或在火车上阅读），这样你就会觉得通勤时间是一种享受而不是浪费。

第五章

忙里偷闲：
停下来闻闻玫瑰的花香

享受当下的每一刻，因为这一刻就是你的人生。

——奥马尔·海亚姆

2017 年，在火车上的那个夜晚过去 4 年后，我们回到了加利福尼亚，过上了梦想的生活。我们在加州大学洛杉矶分校附近买了栋房子，利奥上的幼儿园离我的办公室不到 400 米，我每天早上会送他去幼儿园，去幼儿园的路上满是桉树的绿荫。

有天早上，我像往常一样送利奥去幼儿园。走在路上，天气很好，阳光明媚，鸟儿叽叽喳喳唱着歌。4 岁的利奥跟在我身后几步远的地方，蹦蹦跳跳，笑个不停。多么美好的画面，直到我的出现让画风突变。我走在前面，一脸生气的样子。我今天的第一个会议马上要开始了。每走几步，我就回头冲他大喊："走快点儿!"

然后，利奥停了下来。"妈妈，等等我!"

我不想再等他了。"利奥，快点儿走，我们要迟到了!"那时我满脑子都是当天的待办清单，越想越慌张，因为我可能无法在下午接他放学之前完成所有的事。

"但是，妈妈，你看！"

我转过身去，看见他把脸埋进了路边盛开的白玫瑰花丛里。

"利奥，"我一边继续往前走一边回头喊道，"我们没有时间停下来闻玫瑰花！"

当我听到这些话从我嘴里说出来时，我确实停了下来。作为一个时间和快乐方面的专家，我为自己刚刚说的话感到震惊和羞愧。我的行为真是大错特错，太荒唐了。我没有享受陪儿子一起走路去上学的乐趣，而是满脑子都在想接下来要做的事情。我没有注意到温暖的天气，更没有闻到刚刚路过的那阵花香。我没有注意到它们，完全错过了！

这些话听起来是不是很熟悉？遗憾的是，我们很容易就会错过生活中的完美时刻。在本章中，我们将讨论为什么会这样，更重要的是，本章会提供一些帮助我们发现眼前美好事物的方法。与第三章不同，这一章不会引导你把时间花在不同的活动上。也不同于第四章，这一章不会告诉你如何让那些可怕的活动变得更快乐。这一章是要帮助你提高所花时间的质量。

享乐适应

在送利奥去新幼儿园的头几个月里，我也注意到了那些玫瑰花。这段路程见证了我和罗布努力追求的一切。我们终于回到了加州，从事着各自热爱的工作。每次走到办公室时我都是兴高采烈的，因为我不用脱下一层又一层的衣服，等着身体慢慢暖和起来。我不需要借台灯的光来假装是阳光。我可以打开办公室的窗户，俯瞰长满草的小山丘，不一会儿穿着拖鞋的大学生们就会在这里搭起便携式的吊床。我还会深吸一口南加州干燥的空气，然后坐下来开始一天的工作。

但在这条路上和利奥连续走了几个月后，我已经习惯了路上的一切，不再注意去观察。如果我不注意去看，路上一切美好的事物再也不会对我的情绪产生积极影响。研究人员将这种现象称为享乐适应。我们人类在持续且反复地接触一些事物时往往会表现出明显的适应性。一次又一次看到同样的事物、做同样的事情、和某个人待在一起，都会降低这些事情本身对我们情绪体验的影响。简单来说，随着时间的推移，我们会习惯一切。

鉴于每个人的早晨并不一定都是美好的，我们的适应能力大有作用。例如，在持续听到吸尘器发出的烦人噪声后，我们会变得没有那么讨厌这个声音了。[1]这是一组倒霉的实验参与者的亲身经历，但他们渐渐适应了，变得没那么烦躁。同样，在冰冷的湖水里待上几分钟后，我们就感觉水没那么冷了，为进一步冒险做好了准备。

适应性有助于我们在面临烦恼、不适以及困难和痛苦的情况时能坚持下来。虽然有些伤害并不是那么容易就能适应的，但我们在情感上的适应能力能够让我们坚韧乐观地面对一切。

以新冠疫情为例。为了遏制新冠病毒的传播，我们2020年的大部分时间都被迫待在家里，不能和朋友一起去饭店吃饭，不能在办公室见到同事们，不能参观博物馆，也不能送孩子去上学。我们不得不放弃参加来之不易的毕业典礼，也不得不放弃精心计划并且期待已久的假期。等到可以重新回到公共空间时，我们都戴着口罩，谈话变得不方便了，友好的微笑也看不到了。

但是我们适应了这些不便和失望。我们创造了新的建立联系和探索世界的方式。我们仍然在这条路上往前走，甚至沿途还收获了一些快乐。通过适应，我们能够忍受种种逆境。研究甚至表明，监狱里的囚犯学会了如何应对单独监禁。[2]

享乐适应有助于减轻糟糕经历带来的痛苦。然而，它同时也削弱了美好经历带来的快乐。一旦生活中的美好事物成为我们日常生活的一部分，我们就不再注意它们了，即使它们丰富多彩，我们从中体会到的快乐也会减少。我们错过了很多潜在的快乐。

吃一盒冰激凌的过程就是一个例子。想象一下，第一勺奶油冰巧克力上精致地点缀着咸焦糖，它的味道怎么样呢？肯定好极了！第三口和第四口也很美味，第六口依然很好吃，第八口还不错。然而到了第十口时，你就已经开始机械化地吃了，脑子里已经开始想接下来要做的事，而不是想嘴里的冰激凌。你在吃冰激凌过程中感受到的快乐逐渐减少，到第二十口时，你已经吃完了整盒冰激凌，可能还觉得肚子有点儿不舒服。享乐适应告诉了我们为什么第一口美食永远是最好吃的（并让我坚信用餐时应该先吃甜点）。

这种情况不仅仅发生在食物上。想想你在听到最喜欢的歌曲刚刚响起时有多激动。你跟着一起唱，听完一遍后，你还想再听一遍。但当听了一遍又一遍后，歌声就会变成你不会注意听的背景音，或者让你觉得厌烦了。

问题在于，享乐适应不仅仅使我们在感受小快乐时变得迟钝，比如吃冰激凌、听最喜欢的歌曲或在阳光明媚的日子通勤，它也让我们对巨大的快乐感到麻木。回想一下你的另一半第一次对你说"我爱你"的情景。尽可能生动地还原那一刻，记住你当时的感受。我猜你当时完全沉浸在喜悦中。你感到那么快乐，根本不会想到后来这三个字竟然会变成简明扼要的"爱你"，而且只是一句挂电话时的结束语和每天早上出门前的日常用语。即使是像爱的宣言这般决定人生的东西，最终也会在日常生活中消耗殆尽，沦为背景音。

研究证明，即使是在人生最幸运的时刻，快乐度也会逐渐降低。比如彩票中奖，这是我们很多人梦寐以求的事。当然，这个过程中可能还有其他因素在起作用，但有项研究通过比较具有相同人口统计学特征的彩票中奖者和非中奖者发现，中奖者实际上并没有我们想象的那么快乐。[3] 既然很少有人能有彩票中奖这样的好运气，那么让我们来看看在工作中获得大幅加薪有多快乐呢？一个研究小组回答了这个问题，他们对数千人进行了长达

16 年的跟踪研究，调查了他们的收入水平和快乐程度。根据受访人员在收入水平变化后快乐程度产生的变化，研究人员得出结论：收入大幅提升最初确实会显著提升快乐程度，但 4 年之后，他们的快乐程度又变得跟以前一样了。[4]

这是在金钱方面的变化，那么爱情呢？另一组研究人员采用了同样的纵向研究法，测量了快乐程度与婚姻状况变化之间的关系。数据呈现为一个峰形曲线，峰值出现在结婚当日。在结婚之日的前两年里，幸福感逐渐上升，在到达峰值后开始稳步下降，直至回到基线水平。两年内，人们的心情就从"我们结婚了"的喜悦变成了"只是结婚了而已"的平淡。[5]

尽管享乐适应本身就是一种有据可循的心理学现象，被称为影响偏差[6]，但你可能还是会觉得难以接受这些发现。无论一件事让人多快乐，它都只是让人快乐一会儿，这一点让人难以接受。因为你可能时常幻想，如果自己非常幸运，工作上有了大幅加薪或找到了生命中的挚爱，那时候的感觉会是怎样？然而，在你的幻想中，你只考虑到当下想的这件事对你快乐程度的影响，却没有考虑到其他因素，而那些因素很快就会影响你的日常感受和对生活的评价。

假如你真的非常幸运，找到了一个让你惊艳的人，你虔诚地发誓要和这个人共度余生。只要想到每天一睁眼就能见到这个人，你就欣喜若狂。但很快，这样的日子就成了常态。结婚多年后，你每天仍然会在这个人身边醒来，但当你睁开眼睛时，你的心情会受到许多其他因素的影响。你可能要匆匆起床准备去上班，也许还要叫孩子起床去上学。此外，交通状况、天气、老板新一轮的反馈意见、即将召开的儿子的家长会、你和同事之间的艰难沟通……所有这些因素，加上一些其他没有列出来的因素，都会影响你的满足感。连续多年都在同一个人身边醒来后，你早已经习惯了这件事，甚至不会注意到它，更不会把它当作幸运和快乐的源泉。

剩余时间

如果你意识到你的爱人不会永远陪在你身边，你会怎么想呢？或者说得不那么夸张一些，你所处的生活环境会减少你们在一起的时间，你会怎么想呢？你们在一起的时间终究是有限的。但在最终期限来临之前，你们可能就已经减少了一起做喜欢的事情的次数。或者当你们还能够做这些事情时，有一些地方早已发生了变化，因此你们觉得这些时刻也没那么完美了。是的，你和你的爱人还会继续在同一张床上醒来，但由于时间安排冲突，你们不会一起起床了。或者，你还没来得及跟爱人说早安，你的孩子就把你从床上拽起来去做早饭了。或者，为了睡个好觉，你们甚至会让打呼噜的一方去睡沙发，婚姻中一起醒来这点儿最基本的快乐也没有了。

现在我不需要走着送利奥去上幼儿园了。他已经上小学了，学校离家有 8 公里远。他和别人拼车上学，所以有时候我开车送他去上学时，他也在忙着和同学商量选歌。如果我以前就能意识到送利奥去幼儿园的日子所剩无几了，我会更加珍惜这些时间，我会一直关注路上的玫瑰花。

我们是什么时候意识到我们剩下的时间是有限的？是什么促使我们去品味生活中的小快乐？

年龄

我还住在费城的时候，某个周一在去上班的路上，碰到了我的一个博士生阿米特。他彬彬有礼地问我周末过得怎么样，我兴奋地脱口而出："太美好了！"

"哇，"他说道，"你做什么了？"

我一时语塞。事实上，我并没有做多少事情，也没有什么能让我如此兴奋的事情。我向阿米特讲述了我的周末，我和罗布还有利奥在附近散了步，那时利奥才两岁。我们尝试了一家新开的早午餐店，那里有一辆血腥玛丽餐车。我们还一起看了电影。我意识到这个周末听起来平平无奇，但我仍然坚持说道："周末的一切都很快乐。"

然后，我问他周末过得如何。他坐火车去了纽约，和大学里的一群哥们儿度过了一个难忘的夜晚。他们买到了今年最热门的音乐会的门票。"这个周末值得分享。"他满面笑容地说。客观来说，他的周末比我的要精彩得多。但是，我和我最爱的两个人一起度过了两天的快乐时光，想到这里我还是会忍不住笑起来，不知道我和他谁的周末过得更快乐。

和阿米特走进办公室后，我们决定一起探讨一下这个有趣的实证问题。[7] 然后我们意识到，所有的关于体验式消费或享乐学的学术文献都回答不了这个问题。

在流行文化中我们找到了不同的答案。我们回顾了电影《死亡诗社》的情节，罗宾·威廉姆斯在关键时刻鞭策学生们："及时行乐！把握今天，孩子们，让你的生活更非凡！"因此，这里阿米特先得一分。

那么《遗愿清单》呢？在这部电影中，摩根·弗里曼和杰克·尼科尔森饰演的两个角色都发现自己身患绝症，于是他们开始了奇妙的冒险，去爬山、去跳伞。但最后（剧透警告），他们发现最大的幸福原来是回到家里，与家人和朋友一起在后院安静地待着，或是围坐在餐桌旁一起吃饭。因此，这里我得一分。

所以，哪一刻更快乐呢？是那些让我们兴奋并让我们走出日常生活圈子的非凡经历，还是那些构成我们日常生活的平凡而甜蜜的时刻？不平凡和平凡到底哪个更能让我们快乐呢？

为了用数据回答这个问题，阿米特和我调查了成百上千人。这些受访者有着不同的性别、年龄、收入水平和种族。我们要求他们讲述最近生活中的一次快乐经历，一半人需要说出一次不平凡的经历，另一半人只需说出一次平凡的经历。我们得到的答案包括"我在伯利兹的蓝洞潜水"、"喝到了一杯美味的星冰乐！那天真的太完美了。天气又闷又热，而手里的饮料却是冰凉的"、"我结婚了！"、"我的狗跑到沙发上躺在了我的怀里"、"走到家里的后阳台时感受到了明媚的阳光"，以及"收到了一个好朋友的短信"等。我敢打赌你能猜出这些经历中哪些是平凡的，哪些是不平凡的。

在对这些经历进行分类时，我们发现人们分享的快乐经历存在明显的差异。

那些不平凡的经历往往属于以下三类之一：

1. 人生的里程碑，比如毕业、找到一份好工作、结婚、生子、有了孙辈；

2. 一生只有一次的度假，比如攀登马丘比丘、去巴黎旅行、在伯利兹的蓝洞潜水；

3. 文化活动，比如欣赏音乐会、参加职业体育赛事、在享誉世界的餐厅用餐。

那些平凡的经历可以分为以下几类：

1. 与心爱的人（包括宠物）共度轻松时刻，比如收到朋友的短信、爱人的早安之吻、与儿子散步、遛狗；

2. 享受片刻，比如喝杯美味的葡萄酒、吃个可口的三明治、洗个热水澡、蜷缩在床上看本好书、大热天喝杯星冰乐；

3. 走进大自然，比如欣赏日落、风景或盛开的玫瑰。

平凡的经历和不平凡的经历哪种更好呢？为了回答这个问

题，除了要求参与者讲述他们的快乐经历，我们还要求他们给自己的快乐程度打分，满分为 9 分。数据表明，答案因年龄而异。对年轻人来说，不平凡的经历比平凡的经历更让他们感到快乐；而对年长者来说，平凡的经历给他们带来的快乐不亚于不平凡的经历。换句话说，从统计学上来看，年长者从平凡的经历和不平凡的经历中获得的快乐几乎一样多。

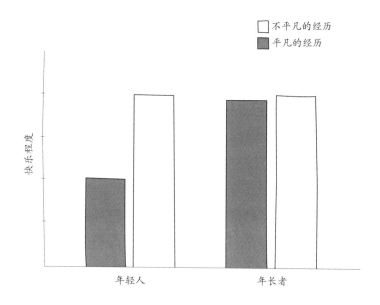

如果你想知道我们是如何界定"年轻"和"年长"的，请看上面的图，我们把受访者分为 35 岁以下和 35 岁以上两部分。但 35 岁这个分界值并没有什么特别之处，只是因为它是受访者

中年龄的中位数，所以我们拿它来当分界值。随着年龄的增长，人们从平凡的经历中获得的快乐会越来越多，自然而然也会意识到自己所剩的生命是有限的。当人们意识到自己的时间宝贵时，就会更享受简单时刻的快乐。这些结果表明，尽管我比阿米特大不了多少，但我正在迈向人生的下一个阶段。这也就解释了我和阿米特的快乐周末为何不同。

危急时刻

年龄只是暗示我们还能活多久的一个指标，而目睹他人生命的终结则是更令人心痛的提醒我们时间有限的方式。见证死亡迫使我们认识到，我们生命中所剩的时间可能非常短暂。2001年9月11日，短短几个小时内恐怖分子就杀害了近3000人。虽然大多数受害者是在纽约遇害，但美国和全世界的人都感受到了死亡就在身边。他们把所爱之人拉到身边，紧紧拥抱在一起。研究人员表示："当所处的环境暗示人们生命有限时，人们会优先选择亲密而有意义的人际关系。"[8]

新冠疫情也促使更多人去享受与别人共度的简单时刻。在疫情肆虐的这段时间里，电视、广播和报纸里铺天盖地都是最新的死亡人数，许多人感受到了死亡的威胁。许多人失去了心爱的人。疫情一边残酷地提醒着我们生命有限，一边又暂停了我们的生活，我们被迫居家隔离，以减少病毒的传播。被隔离在家里后，我们除了关注当下，什么都做不了。

当时，利奥正上小学一年级，被困在家里，无法去上学。为了找个走出家门的借口，我们恢复了在加州大学洛杉矶分校校园的日常散步，在那些日子里，我不用急着去办公室了。意识到生命的脆弱和时间的有限后，我更专注于当下。我把注意力都放在了利奥身上，我们一起慢悠悠地欣赏着路边的玫瑰花丛。

疫情肆虐的这段时间无疑是不快乐的，但是很多人在这段时间里获得了一些意料之外的快乐，包括我自己。虽然有些人在疫情中感到生活越来越糟糕，但有些人却在疫情中放慢了生活的脚步。有位朋友给我讲述了她家每天晚上的新安排。吃晚饭前，她7岁的儿子就摆好桌子，慢悠悠地吃完饭后，全家人就开始一起玩纸牌。她说："詹姆斯总是会冒出一些富有创造性的想法！他会为每天晚上确定一个主题，然后按照这个主题去做。昨晚的主题是圣诞节——他在桌子上摆了一排节日蜡烛，还有红色的餐巾纸和特别的盘子。"接着她反思说："以前虽然我每天都很忙，但并没有什么事情能让我感到有成就感。这次疫情让我和家人变得更亲近了。"

人生阶段

当然，不是只有在危机来临时或者进入老年时，我们才能意识到生命中所剩的时间屈指可数。一个人生阶段的结束也会促使我们去充分利用自己的时间。

在即将搬家时你可能会意识到这一点。如果你曾经离开过一座城市，那么你可能已经注意到，在离开之前你会花更多的时间与好朋友和邻居相处。你可能重游这座城市中你最喜欢的地方，在你觉得最火的餐厅吃顿饭。离别会促使我们细细品味生活中的快乐。

临近大学毕业时，你可能也会去做那些最喜欢的事。这段流金岁月的最后几天可能要比其他的日子更耀眼。有项关于大学毕业生的实验证明了这一点。在毕业前六周，研究人员要求毕业生们写下他们的大学经历，他们中的有些人被提醒剩下的时间不多了（"马上要毕业了"），另外一些人则被提醒剩下的时间还很多（"离毕业还有很久"）。几周后，这些学生描述了他们的快乐程度。结果表明，那些被引导着认为大学时光所剩不多的学生感到更快乐。因为更充分地利用了这段时间，所以他们更快乐。他们把时间花在了自己最喜欢的事情上，如和最好的朋友一起闲逛、参观最喜爱的校园景点等。[9]

这些发现从根本上揭示了我们深深希望自己最后的时间过得尽可能快乐，也解释了以下现象：有项实验要求参与者吃很多块巧克力，如果第五块巧克力是他们能吃的"最后一块"（而不是"下一块"），他们会说第五块巧克力更好吃。[10]

计算时间

我们能做些什么来时刻提醒自己生活中的快乐时刻是有限的呢？抛开我们的年龄大小和所处的人生阶段，我们如何才能做到不会慢慢适应生活中的满足和快乐呢？受蒂姆·厄本启发，我制定了以下练习，它能促使你继续关注并享受美好的事物。[11] 每年我都会让我的学生们做这个练习，指导他们计算出自己还剩多少时间可以做喜欢的事情。

但是首先，我要强调的是，我们的生命时长是可计算的，而且很有限。我给学生们展示了一个页面，上面有 9 行，每行 10 个圆圈，这是对他们 90 年人生的视觉描绘（假设他们很幸运，寿命比全国平均寿命长）。然后我向他们展示了另一个页面，以月为单位（1080 个小一点的圆圈，见下页图），然后以周为单位（4680 个更小的圆圈），最后以天为单位（32850 个点，忽略闰年多出的天数）。尽管最后一页上有很多点，但值得注意的是，代表每周二、周五或周日的所有点都能轻易放在一页上，这表明我们的日子屈指可数，我们的时间可以量化。

然而，我们所拥有的时间的真正价值并不能用时间单位（例如一天、一周、一个月）来衡量。时间的价值来自我们在这 90 年里每天、每周和每月的经历——在这 32850 天中经历的各种事件：22 届冬奥会（假设没有一届冬奥会因战争或流行病而取消）、8212 次夏季日落、90 个春天、4680 次周日晚餐和

23400 个工作日的早晨。

　　但许多事情发生在这 90 年中的一段特定时期，可能是因为我们在年轻的时候还没有做好准备（例如性），或者我们在晚年时无能为力（例如性）。更关键的是，由于我们最快乐的活动往往涉及其他人，所以我们必须考虑这些人何时可以参与活动。每周发生的事情（如周日晚上与父母共进晚餐）或每个工作日发生的事情（如步行送利奥去幼儿园）只占时间长河中的一小部分。

我步行送利奥去幼儿园很多次。正因为在那段时间里，我们几乎每天都这样做，所以我认为这是一项日常活动。因此，我适应了它，仿佛我们以后每天都会这样做。但我没有计算这样的日子还有多久。就在某天早上，我正试图让利奥动作快点儿，却没有意识到那时利奥的幼儿园进度已经完成了 80%，也就是说我们只剩下 20% 的幼儿园时光可以一起穿过玫瑰丛，穿过校园。

为了鼓励我的学生们继续发现生活的美好，我建议他们首先找到自己的兴趣。绝大多数人都喜欢与他们关心的人（或宠物）一起进行活动。一名学生选择在星期六早上遛狗，另一名学生决定和朋友一起看体育比赛，还有一位学生选择和父母一起吃饭。

然后，我指导他们计算到目前为止，他们一生中大约做了多少次这种活动。

接下来，我让他们计算一下他们将来可能做这项活动的大概次数，也就是他们还剩下多少次机会。我知道这似乎有点儿病态，因为我们的文化倾向于逃避时间是有限的这一客观事实。尽管如此，请多包涵，因为这样做会增加你的享受和满足感。

在我的学生计算未来时，我提醒他们考虑制约因素和可变因素。例如，他们现在和将来是否会和那个人住在同一个地方？此人家庭或工作状况的变化会如何影响他的时间？家庭或工作环境的变化会如何影响他们自己的时间安排？对方和他们自己的预期寿命是多少？

这种计算的结果总是惊人的。例如，我的学生计算了他星期六遛狗的次数，他的狗现在 5 岁了，而他大约遛了 230 次狗（这是因为他在这只狗 6 个月大时收养了它，而且有几个周末因为出差而错过遛狗）。假设他的狗还能再活 5 年（在这段时间里，他还会出几次差），他计算出，他星期六遛狗的次数还剩 52%。我的学生意识到他们周末散步的机会已经用掉了大半，于是他向自己（和他的狗）承诺，他会充分利用剩下的时间。接下来的那个星期六，他没有只是在街区里快速转一圈，而是装了满满一车东西，带着他的狗去了海滩，他们都很喜欢那里。

虽然我的学生意识到他和狗在一起的时间十分有限，但实际上他们剩余的星期六散步时间比他预期的还要少。这个学生 6 个月后又上了我的另一门课。他在最后一次小组演示时迟到了，因为他一贯认真，所以他的迟到令人惊讶。他解释说，他刚从兽医那里回来，他不得不把他的狗留在那里。之前他进行初步计算时，并没有想过他的狗会患上急性癌症。尽管他很伤心，但他还是很感激自己做了这项计算，让自己能够享受散步的乐趣，并和狗一起去了海滩。

另一名学生计算了他和最好的朋友坐在沙发上看体育比赛的时间，算出他们在电视机前花了大约 4700 个小时后，他感到尴尬和震惊（但也有点儿骄傲）。这些时间包括他们在初中和高中期间放学后和周末花的时间，以及他们各自上大学后，回家时待在一起为球队加油的时间。大学毕业后他们搬到了不同的城市，出于工作原因不能经常回家，他们只能每年去对方所在的城市拜访几次。但现在我的学生有了一个认真交往的女朋友，他的朋友结婚了，还有一个两岁的孩子，因此他们很少有时间拜访对方。他们安排了一次周末聚会，却不能花太多时间边闲聊边看体育比赛。当他意识到自己只剩下 5% 的时间和最好的朋友聚在一起时，他感觉很难过，于是在课间休息时给朋友打了个电话，并安排下个月进行一次男人的旅行。

课间休息时，我还听到一个学生给她的家人打电话，在此之前，她计算了和父母一起吃晚餐的时间。在上大学之前，她几乎每天晚上都会和父母一起吃晚饭（除了在朋友家过夜和在国外求学的一个夏天）。她注意到，在她上大学期间，他们一起吃饭的次数大幅减少。每年圣诞节和夏天，她都会回家几周，而且每年她的父母都会去学校看望她，和她共度几周。她大学毕业后，在纽约工作的 6 年里，她的父母还是一直这样做。为了离家人更近，她回到南加州读研究生。由于她的父母现在距离她只有一个小时的路程，他们每周日晚上都会一起吃晚餐。

她的父母已经 60 多岁了，我的学生意识到她和父母一起共进晚餐的时间只剩下二十几年。她的计算结果表明，她与父母共进晚餐的时间只剩下不到 1%。她向我坦言，这让她对因课程作业或与朋友聚会而取消了几次周日晚餐感到内疚。她也为父母年岁渐长而感到难过。然而，这一计算的积极影响远远大于消极影响。她承诺以后都将珍视周日夜晚，无论学业有多忙，也不管社交邀请有多诱人，都要赴父母的约。过了一段时间，当我向她询问情况时，她说她不仅花了时间和父母共进晚餐，而且更享受这段时间了。这一计算促使她在晚餐时进行更有意义的交谈，了解她出生前父母的生活，向他们寻求建议，并回忆他们共同的快乐时光。她承认，她妈妈的意见以前可能会让她感到烦恼，现在她却释怀了："把这些宝贵的时间浪费在琐碎的小事上是没有意义的。"

练习：计算剩余时间

为了减少享乐适应，并且拥有一双发现美的眼睛，你可以计算快乐活动的剩余比例。

1. 找到你真正喜欢的活动。可以是任何事情，例如，你和某个人一起做的事情、你一直在拖延的事情……总之是对你来说重要的事情（例如，打电话给你最好的朋友、阅读、和父母共进晚餐）。

以之前那位 29 岁的研究生计算她和父母剩下的晚餐时间为例。

2. 计算你过去做这项活动的总次数。

上大学前共进晚餐次数：

18 年 ×365 天 =6570 次

但需要减去在国外留学的两个月时间（60 天），以及在朋友家过夜的时间（20 天）。

所以，她上大学前与父母共进晚餐的次数为 6490 次。

大学期间与父母共进晚餐的时间：

大学 4 年每年 3 周假期（4×21=84 次），外加

大学 4 年每年暑假回家 3 周（4×21=84 次），外加

大学 4 年每年 3 次家长周末看望（4×9=36 次）

所以，她大学期间与父母共进晚餐 204 次。

住在纽约时与父母共进晚餐次数：

6 年里每年有 1 周假期（6×7=42 次），外加

6 年里每年夏季回家一周（6×7=42 次）

所以，大学毕业后在纽约与父母共进晚餐 84 次。

搬回加州后与父母共进晚餐次数：

一年中的周日晚餐次数（52 次），减去

因其他事取消的次数（6 次）。

所以，过去的一年与父母共进晚餐 46 次。

综上，她过去总共与父母共进晚餐 6824 次（6490+204+84+46）。

3. 以你喜欢的方式计算你在未来做这项活动的剩余次数，如果可以的话，还可以与你喜欢的人一起计算。在做未来计算时，要考虑制约因素和可变因素。例如，如果你的活动涉及一个特定的人，请考虑该人目前是否住在你附近，是否将继续住在你附近。此外，他们的家庭和工作状况的变化，或者你的家庭和职业状况的变化，会如何影响各自的兴趣以及参加这项活动的时间？他们的预期寿命是多少，你的又是多少？

若你的父母 65 岁，可以假设他们将活到 90 岁，那就只剩下 25 年可以和你每周共进晚餐（25×52），也就是 1300 次。

然而，为了更加谨慎，可能需要使用平均寿命（男性约 76 岁，女性约 81 岁）。

也就是说，父母都健在的每周共进晚餐时间只剩下 11 年（11×52），总计 572 次，这还是在不错过每一顿晚餐的情况下。

4. 计算你完成此活动的剩余时间百分比。你的剩余时间比你想象的更有限吗？

在晚餐总次数中（6824+572=7396），父母都在的时间只占约 8%。

$$\frac{572}{7396} \times 100\%$$

认识到看似日常的活动不会永远持续下去之后，你会更加关注这些活动。这种计算将帮助你优先考虑和保护这段时间，并充分利用这些时间，更加享受和珍惜它们。

一旦你认识到剩下的时间是有限的，你在这段时间里会更快乐。虽然在注意到时间如此有限后，你可能会感到不安，但你会更加关注并更容易发现那些简单的快乐。认识到"快乐的时光是短暂的"不仅有助于你度过艰难时期，还会提醒你停下脚步，这样你就不会错过一路上的美好。

给日常生活增添仪式感

另一种减少享乐适应的方法是化平凡为特别，而不是只关注平凡之事。

当利奥的妹妹莉塔开始在加州大学洛杉矶分校幼儿园上学时，我知道这样的上学时间不会一直持续，所以我必须充分利用这段时光。这一认识促使莉塔和我形成了"星期四早晨咖啡约会"的惯例。这件事非常重要，意义重大。"星期四早晨咖啡约会"是莉塔和我都非常期待的重要时刻，并且得到了哥哥和父亲的尊重和些许羡慕。它被标在了我的日历上，严格执行。我们会用照片的形式把这一天记录下来（用我的手机拍摄）。这个约会日是众所周知的，莉塔的老师、朋友和我的学生都听说过，这是真实的事。

每周四早上我都会开车送孩子，当利奥在学校下车后，我和莉塔的约会就开始了，从唱歌开始。"嗨，Siri，播放……"虽然你不想听到我唱鲍勃·马利的《三只小鸟》，但莉塔唱辛迪·劳帕的《女孩只想玩得开心》和惠特妮·休斯顿的《更高的爱意》是鼓舞人心的。抵达我们当地的普罗费塔咖啡店后，咖啡师面带微笑欢迎我们（这本身就是一项令人向往且来之不易的成就）。尽管我们破坏了这个地方的氛围，但店员逐渐开始喜欢我们，并欣赏我们每周的仪式。尽管排了很长的队，但轮到我们时，他们会耐心地等待害羞的莉塔鼓起勇气点单："我可以点一小杯热巧克力和一个原味可颂吗？"他们都知道我想要一杯脱脂馥芮白。麦克斯倒牛奶时，莉塔特别兴奋，因为他制作牛奶泡沫拉花时格外认真。我和莉塔啜着热饮庆祝我们的早晨时光，桌子上撒满了可颂面包渣。这是只属于我们两个人的宝贵时光。

原本这只是日常咖啡店约会，但我们把这个习惯变成了一种宝贵的仪式化传统。我们不仅给这个传统起了名字，制定了各种含蓄和明确的行为准则，还在这一天拍了很多照片。多亏了这些精心设计，我们可以谈论它，我们知道会发生什么，并且留下了很多记录，将它保存在我们的记忆中，让它变得与众不同。虽然各种习惯能帮助我们度过一天而不需要额外的思考，但传统则赋予了这些时刻更大的意义。传统将我们彼此联系起来,跨越时间,给了我们一种归属感。

要减少享乐适应,可以给事件命名。不要只安排你和你的伴侣(或者朋友)晚上出去吃饭,你可以把它称为"约会"。即使是这样简单的重新命名,也会让这个活动变得更有意义。在活动的各个环节都要多加思考和注意,就像 7 岁的詹姆斯在家庭晚餐的餐桌上摆上特别的盘子,用来配合晚餐的主题。使用不同餐具也会增加仪式感。一项实验表明,被要求用筷子(而不是像往常那样用手指)吃爆米花的人,更喜欢吃爆米花了,也更享受这段零食时间。[12] 特别的心思不一定要花哨。是的,在家里约会共进晚餐时,你可以拿出你收到的结婚礼物,比如水晶和银饰,摆在桌子上当装饰。你也可以简单地把后院的叶子放在一个罐子里,做成一个装饰品。或者试着把你的座位摆在前门廊上,这样你就可以诚实地告诉你的孩子(和你自己),你将"外出"参加每周的晚餐约会(在新冠疫情期间尤其有用)。

在你的人际关系中,把一项你喜欢的日常活动当作一种仪式,将它视为自己的传统。这适用于任何事情——下午与同事一起喝咖啡,晚上与室友一起看电影,或与伴侣一起外出就餐。我认识的一对夫妇在每天晚上外出就餐时都会喝一杯龙舌兰酒。我曾经加入过他们这个传统,我可以证明,这的确让那个夜晚变成了值得庆祝的日子!共享仪式是有价值的。研究表明,在爱情关系中,有明确的共同仪式会增加关系满意度,坚定对彼此的承诺。[13]

建立传统的好处不只体现在平凡的事情上。传统可以将我们彼此联系起来，与其他时代联系起来，帮助我们度过葬礼[14]，使婚礼更有意义，使每年的假期体验更丰富。一项研究表明，有节日传统的家庭更可能在一年中的固定时间聚会。这些家庭不仅更有可能在一起度过这段时间，也会更加乐在其中。[15] 所以，记得建立家庭传统。你家如果还没有，那就建立一个吧。我们家每年圣诞夜都要吃奶酪火锅，除了"我们就是想这么做"，没有其他什么好理由了，把面包浸在融化的奶酪里简直太美味了。

你所做的一切都是为了庆祝这些时刻，让你情不自禁地注意到它们。这会让当下更美好，更有意义。

休憩片刻

你如何确保这些珍贵的仪式不会变成日常小事？

让我们回到那个冰激凌的话题，来说明下一步的策略。如果你在吃了第八口之后休息一下，把勺子放进洗碗机里，把冰激凌放回冰箱里，那么下一口（第九口）的味道可能和第一口一样美妙。确实有研究表明，在按摩、看电视剧和吃巧克力时，休息一下会重新获得快乐。[16] 例如，在一项关于巧克力的实验中，研究人员要求一组爱吃巧克力的实验对象在一个星期内不要吃任何巧克力，而另一组被要求吃尽可能多的巧克力，其余的人没有得到任何与巧克力相关的指令。一周后，所有实验对象会被邀请到实验室吃一块巧克力。那些经历了暂时戒断的人吃巧克力的速度更慢，感觉更快乐，他们比其他两组更喜欢这块巧克力。[17]

休息片刻带来的快乐不仅仅发生在看电视和吃巧克力这样的小放纵行为上。我想给你讲讲卡特的故事。当爱情电影以婚礼结尾时，卡特总是感到沮丧，因为她认为这是错误的承诺，仿佛结婚就能"从此幸福地生活"。卡特了解我之前描述的婚姻的峰状数据模式。她知道，在婚礼和蜜月期结束后，绝大多数夫妻的幸福感都会慢慢下降，最终下降到各自的底线。因此，当她结婚时，她决定另辟蹊径。

她选择让每天都过得像婚礼那天一样，以确保婚姻幸福长久。也就是说，她和她的新婚丈夫每天早上都会在戴上结婚戒指的同时重申他们的誓言，而不只是在婚礼当天看着对方的眼睛做出一生的承诺。要清楚的是，这个仪式从来都没有长篇大论，只是双方表示今天和余生都会坚定选择彼此，并且每天都这样做。如果每天都像他们婚礼那天一样，他们的幸福水平肯定会保持峰值。

其实不完全一样。结婚 10 年后，即使是这种浪漫而有意义的仪式也会变成一种习惯，成了他们早晨例行活动的一部分，从而失去了其特殊性。所以他们决定休息片刻，不是怠慢彼此或婚姻，而是暂时不会在刷牙后把戒指戴在彼此的手指上。

这样休息几个月后，一天早上，卡特的丈夫从牙刷旁边的小托盘里拿起她的戒指，再次向她求婚。和以前一样，她的心里充满了喜悦。她意识到她是如此幸运，在她的人生中遇到了一个优秀、聪明、善良的男人。"我愿意！"……她当然会和他共度余生！

即使在做最好的事情，也最好休息一下。放下喜欢的日常活动，休息一下，有助于减缓其变成习惯的速度。

给日常生活加点花样

最后，让我们回到我步行送利奥去幼儿园的那个早晨。如果我们不住在全年阳光明媚、温暖的南加州，而是回到四季分明、气温多变的东海岸，那会怎么样？如果这是春天第一个温暖的日子，我就会注意到那天早晨有多么美好。

当同样的好事一次又一次发生时，我们就不再注意了，于是便产生了享乐适应。然而，变化会让我们停下来去关注。例如，如果你在吃了8口巧克力焦糖冰激凌后，挖了一勺薄荷冰激凌吃，你会注意到变化。乔丹·埃特金和我进行了一项研究，结果表明，增加好东西的种类会让我们更投入，从而更快乐。事实上，仅仅关注现有事物的多样性也有同样的效果。在一项研究中，我们让一些实验者告诉我们他们在一周中所做的不同的事情，让另一些人告诉我们他们在此期间所做的相似的事情，结果关注多样性的实验对象更快乐、更满足。[18] 在另一个实验中，我们来告诉人们如何度过一天。我们要求一半实验对象一天做多种不同的事情，而另一半实验对象一天做多种类似的事情。在一天结束时，那些做多种不同事情的人更快乐、更满足。

多样性也能增加关系的趣味性。著名人际关系研究者亚瑟·阿伦和他的同事进行的研究表明，一起进行更多新奇活动的已婚夫妇最终不会对他们的关系感到那么无聊，他们在一起会更快乐。[19] 所以，你如果确实和你的伴侣有一个固定的约会之夜，那就尽可能出去进行各种各样的活动。我认识一对夫妇，他们形成了一个星期三休闲传统。每个星期三晚上下班后，他们都会尝试一些新的活动。有时，他们会去一家从未去过的餐厅，有一次参加了陶艺绘画班，他们还会看各种音乐会和表演，而当他们无法想出任何新奇的活动时，他们会在街角的酒吧里点一些从未尝试过的东西。多年后，他们依然携手并肩，共享人生岁月。

◇ 享乐适应是一种心理倾向，即随着时间的推移，我们会习惯一些事情，从而不会再去注意它们。

◇ 享乐适应有助于我们熬过负面事件。

◇ 享乐适应也会有损我们的快乐，因为它会让我们忽略生活中大大小小的乐趣。

◇ 为了继续享受生活的乐趣：

- 要认识到你剩余的时间是有限且宝贵的。

  ▲ 随着年龄的增长，当你面临危机或人生的最后阶段时，你就会意识到这一点。

  ▲ 你也可以计算自己还能做多少次喜欢做的事情（可能是与爱的人一起），以此来提醒自己。

- 将一项常规活动变成一个值得庆祝的、神圣的仪式。

- 偶尔放下你喜欢做的事情，休息一下。

- 给日常活动加点花样。

第六章

专注当下：
消除干扰，缓解焦虑

活在当下。

——释一行禅师

无论走到哪里，凯特都会随身携带那份长长的待办清单。她总是在无聊的工作会议中反复查看待办清单，在工作中见缝插针地处理私事，比如：

- ◆ 给康纳准备生日礼物；
- ◆ 预定与施瓦茨夫妇共进晚餐的餐厅；
- ◆ 给足球队成员的家长发邮件，讨论零食任务的分配；
- ◆ 完成明天会议的幻灯片；
- ◆ 与玛丽亚沟通项目最新进展；
- ◆ 参加研讨会。

在某次研讨会上，一位发言人就科技应用所产生的危险，分享了他所在实验室的相关惊人发现：司机在路上分神玩手机比酒后驾车更致命。[1] 然而对凯特来说，如此令人震惊的分享远不如她的清单吸引人。她不断在各项计划间运筹帷幄，以确定下一个待办事项。然后，她时不时点头，表示自己在专心聆听。与此同时，她拿起电话为康纳订好了生日礼物，顺带确定了贺卡内容及礼物包装纸的款式。

凯特的待办清单既令她着迷，又使她压力重重。即便她正在解决一件事，脑子里也还在统筹规划其他事。研讨会结束时，凯特感到十分欣慰，因为她划掉了两个待办事项，又完成了一些任务，成就感使她心满意足。

然而，这种对待办事项持续的管理与追踪会如何影响凯特对当下事项的体验呢？她从发言人那里听到有用的信息了吗？当她为一个 7 岁孩子挑选最佳包装纸款式时，她是否听到每年世界上的头号死因是车祸呢？到周末时，她是否也利用球赛时间通过手机急切地完成清单事项，而不是关注儿子的精彩表现呢？总是在任务间仓促切换，一直使自己忙于协调待办事项，凯特几乎无法专注于当下。

研究表明，我们中有许多人都像凯特一样不断追求效率。[2] 但这种对"行动力"的追求是否使我们无法专注于"在场性"？我们能否做些什么使自己少花时间规划人生，多花时间享受当下？最后一个问题，这么做真能让我们感到更快乐吗？

心不在焉

为了测试我们心不在焉的程度，哈佛大学的两位心理学家马特·基林斯沃思和丹·吉尔伯特针对人们走神的频率开展了一项研究。

基林斯沃思和吉尔伯特通过一款智能手机应用，在人们每天使用手机时随机进行问答测试。每次测试包含以下问题：（1）你此刻正在做什么？（2）除了此刻正在做的事情，你脑中有没有想其他事情？（3）你现在感觉如何？[3] 通过对数千参与者长达数月的追踪，研究者收集到近 25 万条数据。数据表明，凯特不是唯一一个容易分神的人。每个人都会开小差，而且经常开小差。实际上，人们在近一半的时间里，准确来说是在近47% 的时间里，根本没有专注于当下的事情。

此外，不只是坐在会议室容易令人心不在焉。事实证明，人们正在做的事情并不会对他们是否专注产生重要影响。除了享受性高潮，人们很可能在运动、穿衣服、通勤、工作、做家务、放松、看电视、读书、带孩子或与朋友聊天时分心。

这一结果着实令人震惊，原因在于尽管在早晨洗漱时顺便做个全天规划这种一心二用无伤大雅，但我想你一定赞同跟朋友聊天时应给予关注而非漫不经心。我们也肯定不希望保姆在照顾孩子时心不在焉。同样，我们也希望教师和医生在工作时保持全神贯注。

思绪游走并非毫无益处。令人不可思议的是，心不在焉实际上是人类一种独特的认知技能。它能把大脑从不良状况中解脱出来，让我们能够思考解决方案。它还能让我们追忆过往、筹划未来，更赋予我们能力去想象与自己时空相异的其他人在做什么。但是当我们的思绪在近一半的时间里出走时，我们的大脑则会面临错失一半人生的风险。

事实上，基林斯沃思和吉尔伯特的数据提示我们，当我们不够专注时，当下的每时每刻正在蒙受损失。别忘了，除了询问参与者有关他们正在做的事情及他们是否在思考所做之事，研究者还询问了他们当时的感受。答案是肯定的：心不在焉时，人们的快乐程度更低。这一点至关重要，因为我们有近一半的时间都处于分神状态。

研究结果中还有一点值得我们关注。基林斯沃思和吉尔伯特表示，人们对所做之事的专注程度比事情本身对幸福感的影响更大。这就意味着专注于当下之事比这件事本身更能决定幸福感。这也提醒我们长期心不在焉会带来令人不悦的结果。

同样，身处"冲冲冲文化"中，放慢节奏，真正专注于当下并参与其中，对我们是一种挑战。我们都需要切实可行的方法来了解该在何时以何种方式从"行动"模式切换至"在场"模式，只有这样我们才能充分利用时间。这里有四条经验法则供诸位尝试。

像度假那样过周末

你上次在早晨醒来时不必匆忙起床整装待发是什么时候？你上次赖在被窝里，或边吃早餐边聊天，或品着咖啡阅读餐桌上铺开的晨报是什么时候？你能否想起一次与朋友外出就餐时，你已经吃完了早午餐，接着又点了一杯橘汁香槟酒，因为好像没有离开的理由？你哪儿也不用去，也没有什么要紧事要做。如果你能想到这样一个场景，那很有可能发生在你度假的时候。

假日太美好了。研究也证明了假日的美妙，结果显示度假对满足感、健康、创造力乃至工作表现都有积极影响。[4] 科林·韦斯特、桑福德·德沃和我分析了盖洛普美国每日民调对数十万美国人的调查数据，记录了其中与假日幸福感相关的内容。问题之一是受访者"腾出时间与朋友和家人旅行或度假"的频率如何。我们分析发现，优先安排度假的受访者在生活中表现出更多正面情绪、较少负面情绪和较强的生活满足感。[5]

这种幸福感上升的原因之一是假期让我们从繁忙的日常中解脱出来，腾出时间来休息。然而，我们忙于清空待办清单时，往往忽略了这些非常有必要的休假。我们无法抽空度假。

原来，美国人尤其不擅长度假。美国是唯一一个没有法定假期的工业化国家。当法国、英国、德国等欧洲国家每年给予劳动者 20~30 天带薪假时，四分之一的美国劳动者竟然连一天带薪假都没有。[6] 然而，这不仅仅是政策问题，还与个人选择息息相关。即便拥有带薪假，超过一半的美国人也不去度假。[7] 一方面因为度假需要花钱，另一方面人们觉得要做的事情太多，根本没时间外出度假。[8]

幸运的是，有些假期已经融入了我们的日常生活。比如，每周的工作日结束后会迎来周末。大多数劳动者的周末都不用工作，也不会去工作。但问题是，为何过周末不像是在度假？为什么我们不能在周六上午一直赖床，或通过一顿早午餐得到放松？因为就像凯特一样，我们将待办清单从工作日延续到周末，注意力仍被那些待办事项不断干扰。

那么，如果我们将周末当作假期呢？这样的周末会更像你想要的休假吗？我所指的不一定是外出度假。也许你并不需要在夏威夷的酒店房间里睡到自然醒，也不需要为了再享受一杯早午餐饮品而额外休息几天。你只需要像度假那样过周末，也许就会更享受这两天，并以更好的状态迎接工作。

科林、桑福德和我验证了这个想法。[9] 我们在常规周末对全职员工进行了实验。周五时，参与者会得到指令。我们对其中一半人说："像度假那样过周末。[10] 也就是说，规划或行动时尽可能假设自己在度假。"作为对照，我们对另一半参与者说："把这个周末当作平常的周末来过。也就是说，尽可能按照平常的周末那样去规划和行动。"

无论参与者乐意与否，我们都让他们自己去解读并执行这些指令，然后在周一返回工作岗位时，再次与他们取得联系，了解他们的感受。我们的想法得到了验证。将周末当作度假的这部分参与者在周末结束时感到更快乐、更轻松，也更满足。而且，他们在之后的一周更愉悦，也更享受周末时光。

尽管我们已经预测到这一点，但还是对研究结果感到有些吃惊且十分激动，因为其中蕴含着重要启示。这意味着像重新规划时间这样轻而易举的事情能让我们在这段时间及之后感到更快乐。科林、桑福德和我想要弄清楚其中的原理。

我们首先观察参与者在周末如何利用时间。那些将周末当作度假的参与者确实表现得像在度假：他们减少了花在工作和家务上的时间，增加了"维系亲密关系"的时间，所以他们确实赖床更久。他们的用餐时间延长，所以很有可能在早午餐时获得了更多放松时刻。结果显示"度假者"给最不快乐的活动分配了较少时间，给最快乐的活动腾出了更多时间。但有趣的是，真正使他们在重返工作时感到快乐的并非花在这些事情上的总时间。

真正提升"度假者"周一愉悦感的变量是他们对整个周末的关注度提高了。在进行周末活动时，他们比之前更加专注，这使得他们在此期间及之后感到更快乐。

凯特一定会从"像度假那样过周末"的法则中获益。尽管她还将继续观看儿子的足球比赛、带他去参加康纳的生日派对，但这种思维转换将引导她以不同的方式重新参与这些活动，更加乐在其中。举个例子，在一个普通的周末，在极度专注于想要清空待办事项的驱使下，她会像教官一样高声督促家人灌好水壶，快速戴好护腿板，用力推开门冲向球场。然后她会把大半场球赛时间花在手机上——发短信协调亲子活动，提前为午餐点菜，在亚马逊网站上购物。这些事先是让她无法专心看球，接着就会让她错过儿子在对方射门时的精彩扑救。然后，她会为不得不开车送孩子去参加同学的生日聚会而大发雷霆——这是一项她要尽可能高效完成的苦差事，然后她就可以继续解决她那些令人窒息的待办事项了。

但是，如果她像度假那样过周末，她的家人很可能就不会伴着咆哮声前往球场了。也许她会坐在场边的折叠椅上，和家人一起享受那一小时的清新空气与和煦阳光。她可能会和其他家长聊聊天，在儿子成功扑救时兴奋地跳起来，然后自豪地欢呼。那天下午晚些时候，在去生日聚会的路上，她会很享受和孩子独处的机会。他们会摇下车窗，放大音乐，一路高歌。

我们的实验表明，度假带来的部分益处是思维模式的转变。当我们给自己放假的时候，我们会随之转换行动模式，给自己一些纯粹的到场时间。因此，甚至不需要坐飞机或花钱住高级酒店，我们就能感到更快乐。

虽然科林、桑福德和我是基于周末问题得出的这个结论，但你可以将度假思维应用到一周中的任何时间段。例如，你可以把周三下午或周四晚上下班回家的时间当作假日。与其将这些时间用于处理待办事项，不如放松一下，听听音乐，优哉游哉地吃顿饭。快乐就是这么简单。我鼓励你大胆尝试一下。利用现有空当休息一下。把即将到来的周末当作假日。关闭电脑,放慢节奏,享受美景。

练习冥想

即使不能达到熟能生巧的程度,冥想也肯定能让你状态更好。冥想练习能够帮助你忽略干扰,将注意力集中在当下。所谓正念,就是"将意识集中于当下"[11],而冥想加强了正念状态。你可能对"正念"这个词很熟悉,因为尽管它是佛教传统中的古老术语,但现在已经在西方流行起来了。

尽管有些人认为正念有点故弄玄虚,但它已经得到了充分研究,其深远益处也已经过科学验证。研究表明,正念与改善身心健康、行为规范和人际关系息息相关。[12] 例如,无论是自发的还是外力激发的,练习正念的人表示他们在当下感到更快乐,对生活总体上更满意。越来越多的证据表明,正念冥想不仅能让我们更快乐,还能让我们更睿智(增强执行力)、更和善(提升连接感[13])。

通过训练把思绪聚焦于当下,冥想缓解了我们对未来、对能否解决一切问题的担忧。因此,冥想是一种治疗焦虑的有效方法——焦虑[14] 在我们这种时间贫困的文化中无处不在。焦虑症[15] 已成为美国[16] 和世界各地[17] 最普遍的心理健康问题,女性发病率是男性的两倍[18]。在新冠疫情期间,焦虑症确诊病例增加了 3 倍。[19] 因此,如果你患有焦虑症,冥想不失为一个缓解焦虑的好办法。

那么该怎么做呢？冥想的主要目标是将注意力引导至当下的某个单一参照点。呼吸具有易于捕捉、持续不断的特点，是一个绝佳的参照点。每当进行深呼吸时，我们便会感到平静。

你应该冥想多久呢？科学家主要研究了每天冥想 10 分钟的效果。然而对初学者来说，安静地坐上 10 分钟会感到不适。既然目标只是去冥想，就不要把标准设得太高，那会阻碍练习。我建议从 3 分钟或 5 分钟开始，循序渐进。

考虑到这么多年我们已经奔波惯了，放慢节奏并保持专注确实极具挑战性。冥想本身就需要训练。首先，我建议你寻求指导。值得庆幸的是，你有很多选择。例如，加州大学洛杉矶分校的正念意识研究中心提供线上和线下的多语种免费冥想指导。[20] Headspace 和 Calm 等应用程序提供多种时长、主题和声音的冥想指导。还有一点很重要，你要找到合适的导师。如果冥想时间过长，或者对方的声音让你感到烦躁，你就不太可能坚持了。

我的课程期末作业要求学生设计并执行一项他们预测将改善自己幸福感的"生活妙招"（为期 3 周）。多年来，我注意到冥想是最常见的答案。事实证明，只要学生们找到声音和风格都对胃口的导师、符合自身能力的时长，以及可实现的安排（比如，一睁眼就坐在床尾冥想，睡前在床上冥想，上班前在车里进行 5 分钟冥想等），冥想练习就能有效缓解焦虑并增加幸福感。

虽然我知道冥想有很多好处，但我过于心浮气躁，静坐冥想对我来说非常困难。我想给像我一样需要更多补救措施的人分享一个我喜欢的简易冥想练习。你可以独自完成，也可以与其他人一起。我和孩子们在街上散步时常常做这个练习。

 练习：五感冥想

运用五感将注意力集中于你眼前的环境，在你的周围寻找：

◆ 五件能看到的事物

◆ 四件能摸到的事物

◆ 三件能听到的事物

◆ 两件能闻到的事物

◆ 一件能尝到的事物

你可以独立完成这个练习，也可以与别人一起，大声分享出五感所察觉到的事物。

在冥想中，你会练习保持正念。这是一种不让自己分心的练习，也是一种专注于当下的方法。但最终目标是将你通过冥想增强的能力运用到你一天的活动中。你的目标是在做任何当下之事时都保持全神贯注，并在你的日常生活中拥有更强的在场性。

关起门来

无论你如何练习强化正念，当孩子过来要零食、电话铃声响起或同事在你办公桌前停留时，你的心绪都会被干扰。尽管冥想能使思绪停止游走，你仍然需要通过建立物理空间使自己免受打扰。如果你当下需要进行深入的或创造性的思考——如果你希望进入"中道"（the zone），这一点至关重要。

中道也被称为"心流"状态，是米哈里·契克森米哈赖提出的一种精力高度集中的超然状态。这位匈裔美籍心理学家采访观察了全世界数千个体，包括和尚、登山者、专业运动员、世界知名音乐家、高校学生及其他普通人在日常工作和生活中的状态，以定位并明确他们最有成就感的瞬间。在他的开创性著作《心流：最优体验心理学》中，契克森米哈赖指出：人们处于心流状态时感到最快乐。

当你进入心流状态时，你会完全沉浸在当下所做之事中，忘记了时间。当你走出心流时（在心流中你太专注了，无暇关注自己的感受），你就会意识到这种感觉有多棒。这种情况最有可能发生在你所钟爱且需要一定技能的事情上。

问问自己上次进入心流状态是什么时候？如果你能回想起上次心流，你可能会情不自禁地怀念并渴望这种感觉，因为当时的你处于最佳状态，一种在慌乱日常中很难达到的状态。回想起这段经历，你知道自己希望再次体验这种美妙的感觉。

运动员通常想起的是比赛中的心流或在赛道上体验到的所谓"跑步者高潮"（runner's high）。但是大多数人的心流状态发生在工作期间。[21]根据所从事的工作类型，以及你特别擅长和喜欢做的工作任务，你可能在写代码、写作或设计演示文稿时体验到心流。要提高工作效率，你需要心流。为获得满足感，你渴望体验心流。正是这些时刻激发了你的创造力。但心流只会出现在适宜的环境中，就算万事俱备也不会经常发生。

为了创造进入心流的适宜条件，你需要排除所有干扰。下面有一些基于工作环境的小贴士，你可以根据需要随意调整，以创建自己的心流环境。

1. 为待办清单中的其他任务腾出线程空间

完成大事往往需要额外付出努力，所以通过完成容易的小事来拖延大事（同时仍有成就感）是极具诱惑力的权宜之计。研究表明，看似紧迫但并不重要的小事经常会转移我们对大事的注意力。[22]把桌面清理干净，以避免这种诱惑。将与其他项目相关的堆积物移出视线。甚至可以把办公桌上的植物挪走。比如我办公桌上的三盆多肉植物就受到了太多的照顾，尤其是当我准备做重要工作时，我经常忙于给它们浇水和修剪枯叶。

2. 在行程表上腾出几个小时的时间

研究表明，在不同任务间切换的成本很高，它会使你难以在任何一件事上进入最佳状态。[23] 例如，我知道对我而言开会需要一种特殊的社交能量，之后我需要一段时间才能静下心来。因此，我尽量留出更多时间来写作，并把会议安排在特定日期或下午晚些时候。因为心流也意味着忘记时间，所以这样安排不需要你盯着时钟来确保你在下一件事上不迟到，这一点非常重要。

3. 在一天中最清醒的时候营造心流环境

睡眠专家认为，尽管我们尽了最大的努力来改变生物钟，但有些人天生就是百灵鸟（起得早且在早晨精力充沛），有些人则是夜猫子（睡得晚且在夜深人静时善于思考[24]）。我绝对是只百灵鸟，我知道自己的最佳思考时段是在午餐前。因此，我把早上的时间用于做需要深度思考的工作，把邮件、会议和其他任务推迟到当天晚些时候。根据你的生物钟划分出相应的时间。如果你无法掌控自己的工作时间，那就控制你的咖啡因摄入量，这样当你有时间和空间的时候，你就可以让大脑运转起来。

4. 关起门来

这一招非常简单，却十分有效。关上办公室的门，告诉你的同事（或家人，如果你在家办公）你不希望被打扰。尽管与同事和学生保持联系很重要，但是即使一个"简单的问题"也会分散我的注意力。我必须为高强度的工作捍卫这宝贵的几个小时，这样当我打开门时，才能真正有空应对其他事情。如果你的工作空间是开放式的，无门可关，那就试着预订一间有门的会议室。

5. 戴上耳塞或耳机

别人的谈话声、电视声或隔壁施工的噪声会不可避免地转移你的注意力。为了减少这些声音干扰，可以使用耳塞或戴上耳机播放白噪声或背景音乐。（如果你的办公室是开放式的，这么做也会有效暗示同事们：你已经关闭了办公室大门。）

6. 退出电子邮箱

尽管已拼尽全力，但是实际上我们并不能同时处理多项任务。研究发现，试图一次开展多项非自动任务的人无法同时完成所有事情，而是在任务间切换——一次只做一项。[25] 例如，某研究表明，如果学生打开笔记本电脑，他们在课堂上的学习和记忆就会减少[26]（因此我的课上有一个"不允许使用笔记本或平板电脑"的原则）。鉴于此，我建议你在努力工作时退出电子邮箱。这可以帮你抵制为检查待办事项而快速回复邮件的诱惑（以及陷入清理整个收件箱的困境），还可以避免有新邮件提醒时立刻去查看邮箱。

7. 收起手机

不要只是把你的手机调成震动，或者倒扣在桌上。把它放到看不见的地方。详情请见下一小节。

虽然进入心流状态是很难得的体验，但值得为之努力。这是你处于最佳状态的时候——运用技能全身心投入地完成一件事、创造一件事。一旦心流再次来临，你会发现这段时光的确很快乐。

收起手机

如今，手机是令我们分心的罪魁祸首。近期的一项研究表明，美国人每天至少拿起智能手机 96 次，也就是每 10 分钟一次。18~24 岁的人群查看手机的频率是其他年龄段人群的两倍。[27] 如此之高的频率意味着没有哪件事能逃脱手机的干扰，哪怕是约会晚餐和教堂礼拜这样神圣的活动也不例外[28]，更别提开会、带孩子逛公园、和家人朋友聚会等。

除了极高的驾驶风险，这种心不在焉也给个人及人际关系方面带来极大的损失。我们已知分心会影响你的幸福感，但每次你看手机的时候，你也在向周围的人发出信号，表明你的注意力在别处，传递出他们不值得你全神贯注的信号。手机的存在会降低我们的在场性，可能会破坏社会联系，而社会联系正是可以使我们感到最幸福的事情之一。

这一点在社会心理学家伊丽莎白·邓恩和其研究团队开展的一项实验中得到了直接而生动的证明。

他们招募了几组朋友一起就餐。为了防止参与者猜出测试内容，他们找借口让一部分就餐者把手机收起来。为了进行对比，他们允许其他人像往常一样把手机放在桌面上。结果显示，那些不带手机的人用餐体验更好，而那些把手机放在显眼位置的人用餐时却不太享受，因为他们更容易分心。[29]

划重点：把手机收起来。

我这门课的第一项任务就是要做到这一点——只不过，我要求学生们在整整 6 小时内与所有数码产品断开连接，而不仅仅是一顿饭的时间。这无疑遭到了反对。学生们不相信自己能做到这一点，也不相信这有任何好处。尽管如此，我还是坚持这么做，并将这项任务与最终成绩的 5% 挂钩。

 练习：数码脱瘾

在每天清醒时留出 6 小时的"离线"时间——这意味着你在这段时间里将没有电话、电子邮件、社交媒体、电视或任何形式的互联网。（可以听流媒体音乐或看电子书，因为这两项活动的数码成分只是形式，而非本质。）之后，写一篇反思短文，谈谈这段数码脱瘾期对你的情绪、思维和行为的影响。

我们和周围的人都习惯了不停地看手机，这很容易使我们相信自己离不开手机，所以我们从不把手机收起来。这篇反思文章在今后被重读时会提醒每个人，让我们了解这次脱瘾练习是多么具有变革性。于公，这些反思能让我衡量学生们是否切实完成了作业；于私，我非常乐意了解他们因此获得的愉悦感。

每个人都有灵光乍现的时刻，想要体验这种时刻，就得走过与大家一样的心路历程。首先是不安。人们担心别人联系不到他们，因此对我表示不满，因为我限制了他们的问题解决能力。这种情况会持续大约一个小时，在此期间，他们会习惯性地把手伸向常放手机的地方。一开始，有人描述自己在社交场合感到不舒服，他们希望通过在等候时——在某场活动中、在排队买咖啡时，或者在上课前的教室里——看起来很忙来避免尴尬。

但人们很快会发生变化。他们会沉浸于当下所做之事，习惯身边之人。他们会从所有距离更远的事情中抽离出来，全身心地投入当下，感到平静和满足。他们意识到，事实上别人并没有试图联系他们。即使有，他们也可以过几个小时再回复。[①] 他们知

[①] 凡事总有例外。一个学生在数码脱瘾练习结束后，不得不面对她愤怒的母亲和一群朋友。如果你的生活中有人希望立即得到回复（比如你的老板），你应该提前告知他们你将在这段时间内离线。然而，别人的期望不应该阻止你使自己离线。在这种情况下，与自己重新建立联系显得尤为重要。这些人会了解到，暂时的分离不仅不会影响你们的关系（或工作效率），甚至还会起到改善的作用。例如，我丈夫所在的团队已经开始期望他周五下午 6 点就下班，周日晚上把孩子们哄睡后再回来上班——以一种充满活力、兴奋不已的状态重新投入工作。

道，摆脱了这种简单的拖延方式后，他们更倾向于做那些一直被推迟的大事。所以，与一开始担心什么都做不了相反，他们在此期间通常会更加高效。

数码脱瘾练习的益处也体现在社会领域。摆脱了手机这个"减压阀"后，学生们与陌生人交谈的可能性更大。据我们所知，这种体验会令人格外愉悦并获得连接感。[30] 不仅是与陌生人，从手机的干扰中解脱出来后，学生们彼此之间也建立了更深的联系。有位学生对比了与某位同学在练习前和练习中一起就餐的场景。练习前用餐时，两人都在刷照片墙（Instagram），仅在分享刷出的有趣之事时进行互动。我们都经历过或观察过这种就餐状态。在数码脱瘾练习中就餐时，她感觉完全不同，因为双方都收起了手机。虽然她们以前一起吃过饭，但直到这次她们才真正了解彼此，在整个用餐过程中有说有笑。在这顿心无旁骛的饭局中，两位同学成了朋友。

另一个学生指出——就像蒂法妮·什拉因在她的书《24/6：每周断网一天会怎样？》（*24/6: The Power of Unplugging One Day a Week*）中提到的那样——这正是他的家人和犹太社区每周从周五日落到周六日落所做的事情。他把与家人和朋友的亲密关系归因于安息日的延续。他很高兴能与同学们分享这一传统。

经历了最初的抗拒和一段时间的反复后，许多学生发现这段与数码设备断开连接的时光是如此奇妙，因此他们在日常生活中自愿坚持脱瘾法——尽管持续时间较短。不过只要做过脱瘾练习，这种方法仍然奏效，因为可以很快看到离线的益处，哪怕只起效一小会儿。

温馨提示

我已经在这一章中解释过分心的弊端，给出了减少分心的方法，以帮助读者提升效率。然而，我们有时会主动分心。当面临糟糕的情况时，分心至少能帮助我们转移一会儿注意力。精神逃避的需求在研究中显而易见。研究表明，在经济低迷时期，人们越来越喜欢阅读内容轻松的书籍，观看情节更有趣的电影。[31]

我还必须提醒读者们，摆脱分心之事会令你暴露在当下的真实境况中。在新冠疫情隔离期间，由于被困家中而无法忙碌起来，有些人发现自己陷入糟糕的家庭关系或难以形容的孤独中。在此期间，增长的焦虑使抑郁症和家庭暴力的发生率上升。[32] 在没有分心之事的情况下，我们不得不深入思考生活和自己的内核。我希望通过远离分心，我们能够专注于必要的改变。我更希望每个人都能以正确的方法和足够的勇气来改进这些问题。

◇ 我们经常因为走神而分心，这样会降低当下的幸福感。所以，为了提升幸福感，需要用正确的方法消除干扰，专注当下。

◇ 度假能提升幸福感，也能提高创造力和工作表现。

◇ 即使像度假那样过周末，也能让你更享受周末，从而提升幸福感。

◇ 冥想练习可以帮助你学会关注当下，也有助于缓解对未来的焦虑。

◇ 营造一个保护自己不受外界干扰的环境，提升进入心流状态的可能性。

◇ 只要放在眼前，手机就会让人分心，所以收起手机吧，这样你才会更快乐。

第七章

时间隐喻：
储时罐

时间就是金钱，是你拥有的唯一财富，如何使用这笔财富，决策权只属于你。当心点儿，可别让其他人替你做主。

——卡尔·桑德堡

教授走进座无虚席的教室，在讲桌上放下一个透明的大罐子后，把一个大袋子放在椅子上。只见他从袋子里掏出一盒高尔夫球，把它们都倒进罐子里，然后问学生："罐子满了吗?"学生们看到最上边的高尔夫球已经挨着罐口，纷纷点头说："满了。"

教授没有反驳，而是从袋子里拿出一些小鹅卵石，把它们倒进罐子里。小石子在高尔夫球周围滚过，填满了缝隙，教授又问学生们："现在满了吗?"全班同学再次点头回答："满了。"

接着，教授从袋子里拿出一罐细沙，全部倒进罐子里。细沙覆盖了高尔夫球和鹅卵石，填满了剩余空隙。教授轻轻地摇晃罐子，沙子借助重力沉到罐底。"现在呢? 罐子满了吗?"学生们笑着点头，理解了他的意思。

罐子满了，教授的演示似乎也该结束了，但是他又拿出了两瓶科罗娜啤酒。看到这里，全班都笑了。他用开瓶器打开啤酒，将其中一瓶倒进装着高尔夫球、鹅卵石和细沙的罐子后，拿起另一瓶，喝了一口。

他一边喝一边绕过讲桌走到罐子旁，解释道："这个罐子代表你的生活。高尔夫球代表重要事物：家人、朋友、健康、爱好。鹅卵石是另一些重要事物：事业与家庭……沙子是其他小事。如果你先把细沙倒进罐子里，就没地方放鹅卵石和高尔夫球了。人生也是如此。如果你把所有时间和精力都花在小事上，你就没有时间做真正重要的事情。一定要先放最重要的高尔夫球。将事情按轻重缓急进行排序，因为除了最重要的事情，其他事情都如同细沙般渺小。"

有个学生举手提问："教授，那啤酒代表什么？"教授笑着说：

"很高兴你能问这个问题。啤酒代表无论你的生活看起来多么充实，总有跟朋友一起喝上几杯的时间。"

以上内容来自一段迈尔·凯教授的课程短片[1]，也是我开课时会播放的视频，它提醒我们在分配时间时要慎重。我们每个人都有这样一个代表着生命时间的罐子，我们必须对进入罐中的事物多加考虑——也就是得想清楚哪些事情能够在我们的生命中占有一席之地。

储时罐是一个形象的时间比喻，我经常在做时间安排时借用这个概念：我要看下一集电视剧吗？我要做这个演讲吗？我要接受社交邀请吗？我要担任学校委员会的成员，或家长联络人，或莉塔的足球教练吗？我要快速浏览一下收件箱，看看是否有什么急需回复的邮件吗？我周末要跟罗布外出吗？

这个短片说明了排序的重要性。如果教授先用沙子装满罐子，就没有足够的空间来放高尔夫球这样重要的东西了。如果你把所有时间都花在小事上，那就相当于先用沙子装满罐子，如此一来就没时间去做最重要的事情了。你会发现自己饱受时间贫困之苦，每天都被无关紧要的事情填满。

只有弄清楚哪些事情是真正重要的，你才能合理规划并捍卫时间财富。这就像先放你的高尔夫球。一旦这些重要的活动在你每周的时间表中占据了固定位置，你就可以在安排其他待办事项时游刃有余。

我们拥有的时间和储时罐的空间一样有限。一天只有 24 小时，三分之一用来睡觉后，就只剩下 16 个小时。这个数字看上去似乎还算够用。然而，想想每个工作日必须在办公室用掉 8 小时，往返通勤可能花掉 1 小时，晨起洗漱整理还需要 1 小时后，仅剩 6 小时——一天的四分之一——来做其他事情。

"其他事情"包括所有必做之事（遛狗、买菜、做饭、洗碗、接送孩子、哄孩子睡觉、洗车、洗衣服、打扫房间、买新鞋、支付该死的违停罚单、理发），所有想做之事（跑步、陪女儿上舞蹈课、和家人共进晚餐、给孩子们讲睡前故事、和爱人悠哉地喝一杯），以及所有喜爱之事（和新老朋友聚会、看完读书俱乐部的书、做美甲、读一篇爱人知道你会感兴趣而专门留下的文章、整理袜子抽屉）。显然，并非所有事情都能在每天仅剩的 6 小时内完成。事实上，每周日程中只能容纳其中精挑细选的一小部分。你必须做出选择。

细沙陷阱

谢丽尔每天忙得不可开交。她是一名全职医疗管理人员，晚上和周末都用来攻读工商管理硕士学位。为了明确自己在过去两周的时间使用数据，她完成了第三章的时间追踪练习，计算出花在各项活动上的时间总量（例如上班、上课、做作业）。其中，花在社交媒体上的时间计算结果让她大跌眼镜。

第一周我在社交媒体上花了 12.5 小时，第二周花了 10.5 小时。考虑到其他必做之事，这确实是很长的一段时间。更令人难过的是，我知道实际时长比这还多。我每天几乎都离不开手机。但凡有一点儿休息时间，我就会见缝插针地刷社交媒体。无聊时我也会刷社交媒体。即使我觉得只是简单浏览一下，还是会花掉超出预期的时间。显然，这些碎片时间会积少成多。此外，查看社交媒体还拖延了我做其他事情的时间，比如早上洗漱。我在刷社交媒体、与他人交流或留言、阅读回复之中迷失了自我。

对许多人来说，屏幕使用时间是最主要的细沙陷阱。正如谢丽尔所观察到的那样，原本只打算花几分钟刷一下手机，但很快就会积累成为每周很长的一段时间。或者就像第三章中谢丽尔的同学所说的那样，看电视这种下班后和伴侣放松的简单活动，可能会在不经意间占用一周 20% 的时间。

谢丽尔的社交媒体耗时情况并不罕见，人们在沙发上浑浑噩噩度过的夜晚也并非个例。调查显示，在美国，人均智能手机使用时长为每天 3 小时。不仅是对手机上瘾的年轻人如此。千禧一代每天的手机使用时长（平均 3.7 小时）确实比 X 一代（平均 3 小时）更多，但是二者差距不大。婴儿潮时期出生的人每天也会花几个小时（平均 2.5 小时）刷手机。[2] 数据进一步显示，不同年龄段的成年人平均每天花大约 5 小时看电视。[3] 这意味着每周在不知不觉中耗费数十小时面对屏幕的人随处可见。

当然，并不是说面对屏幕就是浪费时间。事实上，区别在于是无意识地耗费时间还是有意识地投入时间。教人们如何安全使用媒体的非营利性组织"常识媒体"（Common Sense Media）在这一点上态度明确：屏幕时间各不相同。当开展教学、讲述提高同理心的故事或与所爱之人建立联系时，大大小小的屏幕提供了良好的切入点。当然，时间仍是一个重要问题。

如果时间充足，谢丽尔长时间刷手机也不是什么问题。但正如储时罐比喻所强调的那样，时间是有限的。谢丽尔抱怨忙碌的事业和学业使她"没有时间"与朋友或姐姐来往。然而，如果她减少花在社交媒体上的时间（在幸福感量表中，她给刷手机打中间值5分），她就有时间去见朋友（7.5分），或者和姐姐共进晚餐（10分）。

你的细沙是什么？哪些事情在不经意间占据了你的时间，让你在回首往事时感到悔恨，希望自己能更好地利用那段时间？

电子邮箱是我最大的细沙陷阱。回复大量邮件占用了我的工作和家庭时间。我经常在一天结束时发现自己因花太多时间回复邮件而没有完成任何实质性工作。事实上，仅仅电子邮箱这个页面就耗费了我一整天的时间，因为一直有"紧急"邮件打断我的思路！我如果一直跟进收件箱的情况，就永远无法完成一章内容的写作（更别提整本书了），也没有时间写论文，更没时间准备讲座。

电子邮件不仅影响我的工作效率，还威胁到我本该用于享受生活的时间。晚饭后，我有一种想要重新登录邮箱的冲动，生怕自己错过什么。问题是，总有另一项请求、另一个问题、另一封邮件需要回复。这是一项永无止境的任务，无论投入多少时间都会被吞噬。而这些电邮时间占用了我原本可以和罗布一起小酌一杯、晚上和邻居一起散步、阅读、看电影或给哥哥打个电话聊聊家常的时间。

不管这些事情是否以电邮的形式到来，只要进入储时罐的请求没有被无情拒绝，它们就会很快填满整个罐子，冷酷无情，令人窒息。你愿意在这个委员会任职吗？你能帮我个忙吗？我能请教你一个问题吗？一起喝杯咖啡怎么样？你能开车送孩子们吗？你能在这个小组会议上发言吗？你带零食来好吗？你能去买我们要送的礼物吗？你能协调这次活动吗？……你通常不会发现自己已经被这些事情淹没，直到为时已晚——你过度投入、精疲力竭，无法确定到底什么才是值得做的事情。

造成这个难题的一部分原因是当我们被提问时更容易给出肯定的答案。我们同意在小组会议中发言，同意自带零食，即使眼下一秒空闲都没有，迟早也会有的。但是，为什么在小组会议或零食活动的那天，我们在所难免地会一边狂奔，一边问自己答应的时候到底在想些什么？

研究员盖尔·扎伯曼和约翰·林奇开展了有关过度承诺倾向的心理实验。[4] 在一项研究中，参与者被要求计算当天的任务时长和空闲时长，然后计算一个月后同一工作日的任务时长和空闲时长。在仔细盘算了当下和未来后，参与者对可支配时间进行了 10 分制评分（1= 今天有更多可支配时间，10= 下个月有更多可支配时间）。盖尔和约翰的研究结果显示，每个人都拥有一致的信念：下个月的空闲时间会比今天的多得多。

这显然是很荒谬的。事实上，今天和其他任何一天都一样，都只有 24 小时，包括一个月后的同一工作日。我们会因为事先答应了别人的请求而承诺了超出自己能力范围的事情。然而，正因为我们以为将来会有更多时间，我们现在才会给出肯定的答案。盖尔和约翰形象地把这一现象称为"好的……该死！效应"。

幸运的是，这一问题有个简单的解决方案：了解潜在心理，便可以消解该效应。只对今天愿意花时间做的事情做出承诺便是对抗细沙陷阱的有效策略。

构成难题的另一部分原因是难以拒绝，女性在这方面明显不如男性。[5] 尽管学术界已经证明了这一点，但同样的情况在不同环境中依然存在。萨拉·米切尔和维姬·赫斯利在政治科学系的 1000 多名教师中展开了一项调查。她们发现，女教授比男教授更有可能接受委任或承担其他无名无利的服务性任务。这不仅是因为她们被询问的次数更多，还因为她们更容易接受请求。[6]

接受了他人要求的行政工作，就很难挤出做研究的时间。但是，因为研究能带来成就感，所以它成为许多学术界人士职业发展的首要追求。而且，研究是晋升职称的基础条件，这可能也解释了女性教师在学术队伍中晋升可能性较小的原因。值得注意的是，女性只占助理教授的 36%、终身教授的 19%。因此，无论在情感上还是事业上，不愿说"不"的代价是高昂的。这些研究结果提醒人们不要一味接受请求。虽然接受请求看起来比拒绝更容易，但可能埋下严重隐患。

显然，你现在会时不时遇到一些值得接受的、你也想应允的请求。牢记储时罐空间有限，在应对请求时大有帮助，因为它会鼓励你使用精密的过滤器筛出沙子。过滤器的设置应该基于个人目标（让时间有意义）和最快乐的事情（让时间有乐趣）。

目标过滤器

我在第四章中解释了确定工作目标的意义，即你为什么做现在的工作。了解目标至关重要，能够帮助你专注于实现目标的关键任务，还可以增加你完成这些任务的乐趣和动力。然而，明确目标的意义远远超出了工作范畴，更广泛地存在于确定其他方面的目标中，比如你为什么做目前正在做的事情？动力是什么？终极目标是什么？

在多年的访谈中，我听到许多人以不同的方式阐明他们的目标：

> "为那些没有话语权的人发声。"
> "为了实现我心中想要的未来。"

"做一个好父亲。"

"享受人生。"

"创造改善生活的事物。"

"保持清醒。"

"交朋友。"

"让世界变得更美好。"

"帮助他人。"

明确目标能帮你筛掉细沙，确定你认为有意义且值得花时间去做的事情。就像我的小莉塔用来收集贝壳的塑料海滩玩具一样，更高层次的"原因探索"就像一把好用的筛子，把有价值的活动与其他活动区分开来。这么做将有助于明确应优先考虑的事项：哪些该花时间去做，哪些该放弃。

以我自己为例，现在你已知我的目标是传递快乐。这与我在第四章中分享的职业目标密切相关：创造并传播使人们快乐的知识。在这个目标的引领下，我能更准确地预测哪些是有乐趣且有意义的事情。当遇到小组发言请求时，我接受与否取决于它是否有助于传播有利于情感健康的信息。或者，如果我被邀请担任某一职务，我会以能否改善我在意之事为标准做出决定：这件事是否有利于我的孩子们、他们的社交圈，或者我的同事及学生社交圈。这个过滤器减少了我的情感负担，缩短了我的回复时间，因为正确答案显而易见。

快乐过滤器

在第三章提到的时间追踪练习中，你确定了日常生活中的具体事项以及它们能带给你快乐的共同特征。这些信息可以作为过滤器，从那些肆无忌惮地填满储时罐的事情中筛选出可能会给你带来快乐的选项。

我想再次以自己为例。在分析我的时间跟踪数据时，我发现自己喜欢的事情都有一个共同点——它们都是和孩子一起做的事情（不是那些为孩子做的不太有趣的事情）。当我知道自己与利奥和莉塔一起做事能让我获得很多快乐时，我便能够以此为标准筛选与孩子有关的事情，这一点很有帮助。比如，当被邀请加入孩子学校的节庆委员会时，我会立刻回绝，因为做这些事情时我无法和莉塔或利奥待在一起。然而，当被要求担任莉塔班上的家长联络人时，我欣然应允。尽管这涉及给家长们发邮件联络、协调班级活动等，但那一年我可以给女儿的班级带来积极的体验。更重要的是，我可以和她一起在教室里参加这些活动。当我被邀请陪同利奥的班级参观格莱美博物馆时，我也答应了。从工作中抽身融入利奥和他的朋友们，同时了解录制音乐的创作和表演，绝对不虚此行。我必须陪伴儿子度过美好的一天。

许多人都陷入时间贫困的境地，没有足够的时间来完成承诺的过多日程，因此面临着巨大压力。但是筛掉细沙后，你可以在储时罐中为最重要的事情预留空间。

重中之重

目标和快乐过滤器将在今后帮你筛选收到的请求。然而，你最终想要的是在时间支配方面掌握更多主动权。你需要把高尔夫球优先放入储时罐，这些事情需要优先考虑。下一章将指导你如何在周计划中妥善安排最重要的事情。不过，你首先得确定对你而言最重要的事情是什么——是那些让你最快乐的活动吗？

第三章的时间跟踪练习教你通过数据分析的方法来识别重要之事。我强烈建议你做做这个练习，因为可能会产生令人意外的结果。然而，就算你没有做过完整的练习，你还是可以确定重要的事情。问问自己，过去两周中令你最快乐的事情是什么？

这与整理大师近藤麻理惠关于如何整理房间的建议非常相似。[7] 她提到每拿起一件衣服时，问问自己它是否能令你心动、"带来快乐"。如果不能，感谢它的服务，然后送走它。不仅是对旧 T 恤，你可以用同样的问题来决定如何使用你最宝贵的资源——时间。

当我丈夫找到过去一周中使他快乐的事情时，他发现答案是和利奥一起读《哈利·波特》。晚上，罗布将灯光调暗，坐在利奥的床上，感到心满意足。在这个安静的环境里，他们能量契合，思想共同穿梭到一个充满无限可能性的神奇世界里。罗布每天的工作强度很大，我们家每晚也忙忙碌碌，但他意识到，每天和利奥进行亲子阅读的 30 分钟是最值得捍卫的时间。这就是他的重中之重。

当我的嫂子克里斯蒂娜回顾过去两周的生活时，她发现快乐源于和朋友的周末远足。她热爱体育运动，但比起良好的身体状态，她更喜欢在户外社交的感觉。头顶的天空开阔，没有什么紧迫的事情要做，她可以尽情享受这个分享与倾听的空间。获得这种连接感和幸福感其实非常容易，并不需要花一整天长途跋涉，只要和喜欢的人一起外出散步即可。

对我来说，和罗布约会是最令我开心的事情之一。当我俩外出就餐时，我们对日常工作、家事矛盾、厨房清洁等问题避而不谈，而是重点关注彼此。因新冠疫情无法堂食时，我们会点外卖，我还会在门廊上摆好小桌子、点上蜡烛，两人边听音乐边吃饭。在我们共处一室，生活和工作了几周后，这是我们面对面进行有效交流的时刻。这段时间可以确保我们不会在忙碌的日常中相互疏远，所以这必须是重中之重。

练习：识别乐事

在过去两周中，让你最快乐的事情是什么？

1.＿＿＿＿＿＿＿＿＿＿＿＿＿＿＿＿＿＿＿＿＿＿

2. _____

3. _____

4. _____

5. _____

……

沉思时刻

除了你自己找到的快乐时刻，我建议你优先考虑另一个重要时刻："舒式一小时"。这个词来自美国前国务卿乔治·舒尔茨，据《纽约时报》撰稿人戴维·伦哈特介绍，舒尔茨每周会留出一小时静静反思。

> 舒尔茨回忆说，他通常会坐在办公室，手拿一叠纸和一支笔，关起门来。他叮嘱秘书除了"妻子或总统"的电话，任何人都不许打扰他。
>
> 舒尔茨……还告诉我，只有在这独处的一小时中，他才有时间考虑工作中的战略性问题。否则，他会不断被卷入战术性问题中，永远无法专注于更宏观的国家利益问题。要想在任何领域成就伟业，唯一的办法就是找时间思索格

局更大的问题。

我并不支持舒尔茨的外交政策，但我确实提倡他这种深谋远虑的做法。我们不妨试试"舒式一小时"。留出一些时间安静地思考。一开始甚至不需要一个小时——可以从一刻钟到半小时起步，让头脑沉浸在思考之中。

在属于你的舒式一小时（或一刻钟）里，远离常规干扰，包括他人、邮件、短信、电话、收音机和电视。就像营造心流环境一样，关起门来，收起手机。你也可以走出办公室，去外面散个步。

舒式一小时比起之前提过的消除干扰所带来的快乐更有意义。正是在这样一段时间里，你可以更深入地处理问题、更恣意地创新、更有效地制定战略，以应对需要关注的重要决策：你会在一段关系中迈出下一步吗？你会采取艰难的措施来结束一段关系吗？你应该继续搬到附近／全国各地／世界各地去吗？即使没有找到下一份工作，你也该提前两周递交辞呈吗？你会重返校园吗？你想培养怎样的家风？你会再要一个孩子吗？你应该为孩子们养狗这件事让步吗？现在是你不得不跟朋友态度强硬的时候了吗？

这些决策都应该在储时罐中占有一席之地，而不是匆匆了事。伦哈特说："如果你把所有时间都花在收集新信息上，你就没有足够的时间去消化这些信息。"首先要考虑有没有思考的时间。

优先考虑带给你快乐的事

黛安娜和贾斯廷收到了一份新婚大礼：免费在圣伊西德罗牧场酒店住三天两晚。这是一处坐落在加州圣巴巴拉山麓的世外桃源，每个由葡萄藤覆盖的小别墅都自带别具匠心的花园，是小夫妻们度假的绝佳选择，他们可以自在地坐在精致的亚麻布上，吃着服务生送来的一篮热乎乎的羊角面包和自制果酱，悠然地度过美好的上午。这里窗户大开，茉莉花和橘子花的香气、蜂鸟和蜜蜂的嗡嗡声令人陶醉。这里是情侣度假的绝佳去处，约翰·肯尼迪总统和他的妻子杰奎琳·肯尼迪曾在这里度蜜月，好莱坞明星劳伦斯·奥利弗和费雯·丽也曾在这里的树下立下誓言。虽然这里别具一格，但价格不菲。不用说，这份礼物如此贴心，黛安娜和贾斯廷简直有点儿迫不及待了。

10年后，他们还没有兑换这份礼物。他们仍然是夫妻，而且非常幸福。可是10年过去了，他们仍然抽不出时间去度蜜月。这并不是因为他们不享受仅有彼此的陪伴，也不是因为他们对在宁静的早晨吃热羊角面包这事儿不感兴趣。显然，高昂的开支也不是阻碍他们度蜜月的原因，因为这是别人送的礼物。他们迟迟没有去圣伊西德罗牧场酒店的唯一原因是总有别的事情发生。他们定过几次房间，但因为表亲要过生日、孩子要踢球赛或较大的工作压力等干扰事项而取消了行程。尽管去圣伊西德罗牧场酒店度蜜月是优先事项，但他们从来没有优先考虑过。

在我所研究的行为决策领域，大多数研究人员都在解决人们短视的问题，即人们容易被眼前事物诱惑的问题。这意味着人们会立即选择愉快的选项，从而忽略这些选项将带来的负面后果。事实上，大部分研究都集中在如何引导人们选择"该做之事"而非"想做之事"，以及选择美德而非恶习上。大量的长期研究表明，一些好书，如凯蒂·米尔科曼的《掌控改变》，提供了帮助人们提高自控能力的策略，即以一种眼下无趣但长远来看更健康、更智慧的方式行事。目睹了在饮食习惯或财务决策上一直无法自控的人们所付出的严重代价后，我也认为这件事非常重要。

不过，我也经常看到有人陷入相反的困境。他们总是牺牲眼前的快乐，以避免因没有得到最好的结果而内疚。在竞争激烈的学校系统和职业环境中，人们被迫只工作不娱乐、只做事不休息。我也属于这个环境，我承认我最难实现的新年愿望不是每天去健身，而是周末不加班。

研究者阿纳·凯南和拉恩·基维茨也观察到这个现象。他们巧妙地称其为"远视现象"，即一种过于有远见的、只选未来不顾现在的倾向。这是过度自控的问题。[8] 他们指出，把苹果当零食确实比巧克力蛋糕更健康，但倘若每次都选苹果，你就永远尝不到美味的巧克力了。如果总是选择"该做之事"而非"想做之事"，你就永远不会有享受的机会。年复一年，你只干正事，但回首往事时，你可能会因为错过了生活中应有的快乐而感到非常遗憾，比如白亚麻餐布上的羊角面包。

凯南和基维茨通过几个实验证明了这一点。在一项研究中，他们要求人们回忆以前在工作和娱乐之间做抉择的情形，以及他们最终的选择是什么。与选择娱乐的人相比，那些选择工作的人明显感到更后悔，好像错过了什么。在另一项研究中，凯南和基维茨让大学生们回顾他们度过上一年寒假的方式。学生们明显更赞同"应该多旅行"，而不是"应该多工作"。

为避免产生这样的遗憾，就要抓住机会优先安排最重要的事情。重要的是，不仅要找到高尔夫球，还要把它们放进储时罐中。对黛安娜和贾斯廷来说，仅仅预订房间是不够的，他们还得真正行动起来。

某些周五下午，当确实有没按计划完成的工作时，我感觉应该拿回家做完。取消约会之夜非常容易。罗布很欣赏我兼顾一切的样子，而且并不介意在忙碌的一周后看电视放松一下。难道我们不应该推迟约会吗？不。正因为放弃这段约会时间轻而易举，坚守承诺才显得格外重要。

为了确保履行诺言出去约会，我们执行了行为经济学家提倡的承诺机制。承诺机制是一种让自己坚持完成目标的方法，不坚持到底，便会付出代价。例如，黛安娜和贾斯廷本可以预订不可取消的房间，这样如果他们更改计划的话，就浪费了这笔费用。作为我们约会之夜的承诺机制，罗布和我已经安排并承诺每周五晚上请保姆带孩子。这么做不仅解决了找保姆（或找不到保姆的借口）的问题，还迫使我们必须出门约会，因为这位值得信赖的成年人总是在周五下午 6 点准时出现在我们家里。一旦罗布和我走出家门，逃离生活中的其他牵绊，我们必然就不会有遗憾了。

除了这些承诺机制和我将在下一章分享的规划策略，仅仅意识到时间有限就可以让你激励自己继续前进，度过这段重要的时间。就像第五章中"计算剩余时间"练习提醒你要多利用能给你带来快乐的时间一样，储时罐这个比喻也会提醒你要优先安排能带来快乐的时间。

黛安娜和贾斯廷在圣伊西德罗牧场酒店住了几天后，我见到了她，她看起来容光焕发。贾斯廷在上我的课，他看过有关储时罐的短片。现在，他们已经把时间都花在了最重要的事情上。

腾出时间

我希望你能在做日程表时用储时罐提醒自己时间如此有限。你能分配的时间是有限的。如果你让细沙——任何扔给你的、要求你的或令你无法专注的事情——填满了有限的空间，你就没有足够的时间去做真正有乐趣、有意义的事情，也将没有时间去做真正有价值的事情。你必须谨慎地规划时间，主动而非被动地决定你的时间去向。无论你是否有兴致，无论细沙是否已经入侵，都需要先放高尔夫球，然后优先去做这些如高尔夫球一样重要的事情。

◇ 我们每天的时间很容易被毫无意义的事情占据。

◇ 一方面因为我们太频繁地答应别人的请求，因为我们（错误地）认为未来将拥有更多空闲时间。

◇ 另一方面因为我们经常选择未来的回报而非当下的享受。

◇ 然而，总是推迟愉快的活动会带来更强烈的遗憾感。

◇ 所以，在有限的时间里，确定、承诺并优先安排能带给你快乐的活动。

第八章

用视觉工具规划时间：
时间重塑策略

你无法阻挡海浪，但能够学会冲浪。

——乔·卡巴金

掌握了一定的时间科学知识后，是时候搞点儿艺术创作了。我会帮你把时间整合起来，设计出理想的周计划，就像拼马赛克拼图一样。我喜欢将这个过程称为时间重塑。

安排日程时，将所有待办事项想象成不同颜色和大小的瓷砖。有些瓷砖天生就更吸引人。在这本与时间管理有关的书里读到这一点，你肯定已经知道这类瓷砖所指何物：没错，就是那些对你来说最有乐趣和最有意义的、能"激发快乐"的事情。不过，你肯定也知道可以通过转换视角来美化任何瓷砖。你可以通过平衡享乐适应、消除干扰等方法为已经很美的瓷砖增光添彩，甚至有办法让最不起眼的瓷砖（家务、工作和通勤）变得光芒四射。

在这一章中，我将帮你找到搭配瓷砖的最佳方式，制作出精美的马赛克拼图——一个重点突出、催人奋进、可行性强的日程安排。我将告诉你在固定日程中摆放瓷砖的最佳方式。在这个过程中，你将增加喜爱之事的积极影响，减少无趣之事的消极影响。

虽然马赛克拼图稍显复杂，但时间重塑过程遵循基本步骤，相关建议也很实用。在本章中，我将提醒你回顾之前讨论过的概念，并将它们简单运用在设计理想周计划中。这实际上是一种日程安排练习，但与你以前常用的方式不同，现在你得到了科学理论的支撑，明确了优先事项和终极目标。所以你会在决策时深思熟虑，思索每块瓷砖合适的位置——最终塑造出属于你的生命时光。

周计划画布

空白的周计划是你用于摆放瓷砖的画布。我建议你从我的网站 www. cassiemholmes. com 中下载打印，然后按照步骤，用铅笔画出你的设计草图。准备一块橡皮，因为在这个过程中，你可能会修改和重新考虑某些决定。

案例教学有助于理解，所以我将向你展示我制订周计划的方法。但是请牢记，所有待办事项和相应安排必须是你为自己量身定制的，必须是对你来说有乐趣又有意义的事情，即能带给你快乐的事情。还需注意的是，一周日程应依据你的家庭分工和结构，还有工作性质和灵活程度来定。例如，因为孩子还小，我必须与孩子们、保姆和罗布协调安排他们上学之外的所有时间。你如果没有年幼的孩子，可能会在安排日程方面拥有更大的自主权。另一方面，作为一名学者，我比大多数其他职业的人士更能掌控工作时间。除了一些时间固定的课程教学，我的大部分工作都由自己做主。我能够决定在何时承担何种项目。在工作方面，我是自己的老板。因此，一些适用于我的工作安排只适用于弹性工作的人群。

考虑到只有少数职业采用弹性工作制，我还将分享我嫂子克里斯蒂娜的案例。作为一名特教学校的教导主任，她在整个上课时间都必须在岗。除了"日常工作"，克里斯蒂娜还一对一上门辅导有特殊需要的学生，辅导在每周固定时间进行，贯穿整个学年。因此，克里斯蒂娜的工作日是高度结构化的，她对自己的工作时间几乎没有自主权。但她十分积极地安排下班后和周末的时间，不浪费丝毫可支配时间，提供了一个很好的时间规划案例。

虽然特定的时间规划策略只对某些人更有意义，但每个人进行时间规划的基本步骤都是一样的。所以，准备好画布，拿起笔开始规划吧。

第一步：安排固定日程

你可能每周都有一些时间固定的必做事项。在开始规划之

周计划画布

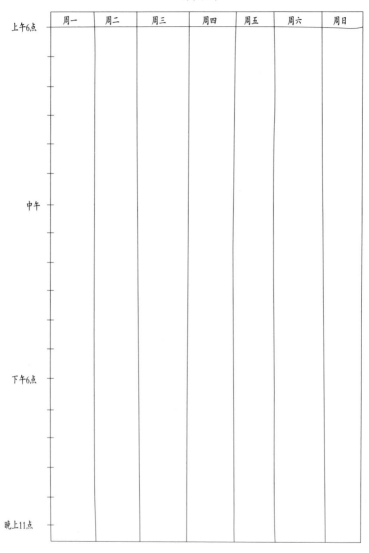

	周一	周二	周三	周四	周五	周六	周日
上午6点							
中午							
下午6点							
晚上11点							

前，你应该清楚这些固定日程。用铅笔画出这些日程，能让你确切地知道还有哪些时间可供安排。

首先在周计划画布上添加这些固定日程。框出这些日程并贴上标签。不要完全排除这些时间，因为在之后的规划中可能还有更多可利用的机会。例如，你可能决定将其中一项日程与另一个更愉快的活动进行捆绑。或者你也可以从分解或整合这些日程中受益，以管理它们的整体影响。

你应该了解自己的固定日程。然而，这并不像记录目前每周所做之事那么简单。你应该只选择你无法选择是否要做或何时去做的活动。例如，如果你有一份时间固定的工作，你就该把工作和通勤列入固定日程中。如果你负责每天接送孩子，或者有每周无特殊情况必须参加的例会或安排，你应该将这些都纳入固定日程。

以克里斯蒂娜为例，周一至周五 8：00~15：30，她必须在曼哈顿的学校上班。她住在纽约郊区，单程通勤时间 1 小时。此外，在周一、周三、周四，她会前往学生家中进行一对一辅导。在这几天，她会在晚上 7 点到家。因此，她的固定日程包括通勤和工作时间。

以我为例，我在加州大学洛杉矶分校教书时，每个月都会做周计划。上课时间是周三下午 1：00~4：00、7：00~10：00，周四上午 8:30~11:30。我喜欢在上课前 30 分钟到达教室，以便回答学生的问题。课后我通常会在教室里多待一会儿。因此，我把这些安排放在画布的固定位置。此外，每周五上午和午餐时间，我都有不得缺席的教师会议和研讨会，我把这些也放在固定位置。当然，为了备课、做科研和完成行政工作，我一周要多工作几十个小时；不过，我可以灵活选择做这些工作的时间，所以我不用把它们放在固定位置。

第二步：优先安排快乐日程

安排好固定日程后，你便能看出还剩下多少可支配时间。接着便是整个日程规划过程中最重要的一步：优先安排快乐日程。

之前章节已经多次强调优先安排意义重大之事的重要性。这一步就像先往储时罐中放高尔夫球。这里的差别在于，你还需要明确高尔夫球在储时罐中的具体位置。在进行时间重塑时，你想要将最好的时光奉献给最有意义的事情。你还想将这段时间彻底与其他时间隔开。这将确保在最重要的时间段中，你不会受到其他任务、请求或无效屏幕时间的干扰。

在这一步中，你首先需要收集关键的"快乐"瓷砖。这些是你想确保有时间去做的事，因为它们真的有趣且有意义。通过回顾第三章时间追踪练习第二部分中的最快乐的活动和第七章中识别乐事练习时的笔记，你就能确定这些日程。

克里斯蒂娜的周计划画布：固定日程

	周一	周二	周三	周四	周五	周六	周日
上午6点							
	通勤	通勤	通勤	通勤	通勤		
中午	工作	工作	工作	工作	工作		
		通勤			通勤		
	上门辅导		上门辅导	上门辅导			
下午6点	通勤		通勤	通勤			
晚上11点							

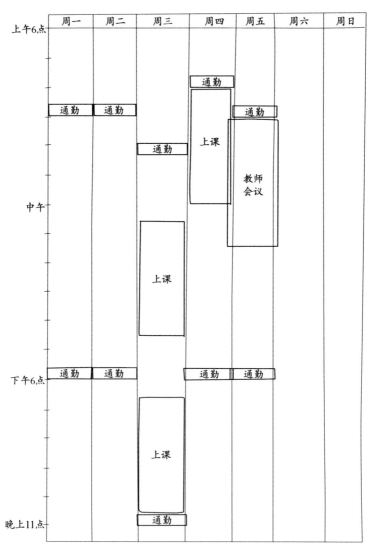

凯茜的周计划画布：固定日程

时间重塑策略 1
捍卫社交时间

正如第三章所述，你的有些乐事很可能跟社交有关。如果你比较内向（像我一样），你很有可能在只跟最喜欢的人在一起时感到快乐。但如果你比较外向（像我儿子利奥一样），那么无论与谁共处你都会很快乐。

但是繁忙的日程会占用我们与他人相处的时间。日程太满会使我们很容易忽略简单拿起电话问候朋友或家人的快乐。忙忙碌碌时，我们很难放慢速度，沉浸在身边人的陪伴之中。为了保证每周不再忙忙碌碌，而忘记维系并享受这些关系，请在日程中优先放置乐事。在日程中为这些事情搭起保护屏障，捍卫这些时间。

约会之夜。如你所知，与罗布交谈能为我带来一种深入的联系感，让我感受到巨大的快乐。大家肯定觉得生活在同一个屋檐下，我俩可以在一周中的任何一个晚上随时聊天，所以没必要专门留出约会时间。但就是因为这事看起来太简单了，所以极易被推迟。事实上，我们要么忙于工作，要么被孩子吸引了注意力，因此我们必须通过安排每周的约会之夜来共度一段时间。

除了腾出时间，把瓷砖贴在合适的位置也非常重要。周五晚上是完美之选。我的周计划将所有周五晚上列为特别时间段。

约会之夜让我们在整个工作周有了盼头，在美酒佳肴的烘托下，这一晚成为我们庆祝周末开始的仪式。此外，我们第二天早上不需要早起，也不需要做很多事情，完全不用考虑工作问题，只需尽情享受属于我们的时光。

将约会之夜安排妥当之后，罗布和我将应酬和朋友聚会安排在其他工作日的晚上，将包括陪伴孩子在内的社交活动安排在周末的其他时间。

时间重塑策略 2
通过"禁止使用手机"捍卫重要时段免受干扰

众所周知，智能手机使我们无法专注于所做之事，减少了我们的快乐。在快乐的时段，你一定不想被打扰，那么你可以通过"禁止使用手机"策略来保护每周的快乐时间。把手机放在看不到的地方。不再盯着电子邮箱和社交软件，你将体验更深刻的联系感。

家庭晚餐。 就算工作永无止境，他每天晚上 6：30 都会准时离开办公室，保证按时到家与妻子、岳母和两个女儿共进晚餐。之后的两小时，直到他给女儿们盖好被子，工作人员知道不能在这段时间打扰他。巴拉克·奥巴马在这段时间内并不关注国家大事或世界的未来，而是一心一意陪伴女儿们。他沉浸在校园戏剧的情节中，关心她们在学校的收获，现在流行什么歌曲——这些都是最常见的餐桌话题。这位美国前总统将每晚固定的家庭晚餐当作自己的"救命稻草"。[1]

我也非常看重在晚餐时间为家庭关系奠定基础，建立联系感。所以下午 5 : 30（除了有课的晚上），无论工作是否完成，我都会选择先回家。罗布也同样如此。音乐响起时，我们的晚餐在下午 6 点准时开始。

接下来是禁止使用手机的两个小时，为此罗布和我把手机放在前门。克里斯蒂娜发现每天晚上禁止使用手机也许是最有效的时间规划策略。她认为这个办法"改变了她的人生"，而且增进了她对孩子的了解。通过花几个小时躲避这种干扰，她觉得自己弥补了多年来失去的时间。

时间重塑策略 3
外包琐事，最大化快乐的事

我家的晚餐上桌大约只需要 15 分钟。从下班回家到利奥和莉塔睡觉前，其实并没有太长时间，因此我选择把这段时间优先用于陪伴他们，而不是去买菜或研究食谱。我们花钱请餐饮服务公司把美味健康的饭菜送到家门口，这样我就可以在孩子们摆餐具时把热饭端上桌了。

时间重塑策略 4
分配专注美好事物的时间

像奥巴马一家一样，餐桌谈话为我们提供了倾听彼此、了解彼此生活的机会。此外，我还利用这个机会回顾过往的美好。研究表明，经常回忆过去、记录感恩之事的人在生活中感到更幸福，对生活中的一切感到更满足。[2]

写感恩日志的确有效，因为这将训练我们将注意力放在生活和世界中的诸多美好事物上。这种做法实际上能将天生"半瓶水"的人们转变为持久快乐的人群，并帮助我们所有人平衡享乐适应，持续关注简单的快乐。我并不要求家人写感恩日志，但当我们一起吃饭时，我会让每个人分享一天中最棒的部分或发生的美好之事。讲述这些积极向上的故事帮助我们在彼此的体验中身临其境，同时增加我们在这些体验中获得的快乐。

我的朋友接孩子们放学时做了类似的温馨练习。当每个人都系好安全带后，她让每个人分享手中的"玫瑰"（当天发生的美好之事）、玫瑰上的刺（不利但有益之事，引导开展寻求解决方法的对话），以及玫瑰中的花蕾（让他们兴奋之事）。这种做法不仅适用于亲子之间。一位学生告诉我，她和闺密也做了类似的练习。每周煲电话粥时，她们都会先分享一周中值得感恩的事情。这种练习还可以独立完成。你可以在任何日常活动中安排几分钟——比如在睡前刷牙时——来回顾美好的事情。无论何时以何种方式去做这件事，你都会因为投入时间去关注积极事物而获得更大的满足感。

时间重塑策略 5
建立定期相聚的传统

正如第五章所述，有节日聚会传统的家庭更有可能聚在一起庆祝，他们更享受相聚时间。原因之一是相聚传统让每个人都有所期待。每个人都可以计划聚会并翘首期盼。此外，通过设定下次再聚的预期，相聚传统维系了一种跨越时间的联系感，增加了归属感。你可以和家人或朋友建立一些传统吗？你是否可以在每周的同一时间安排一些活动，让这段特殊的时间变得更有仪式感？

周四早晨的咖啡约会。在第五章中，我提到了莉塔和我的小传统：周四早晨的咖啡约会。每周四早上把利奥送上校车后，在送莉塔去幼儿园和我去办公室的路上，我们都会在普罗费塔咖啡店稍作停留。但当莉塔开始上学前班后，她得和利奥一起上学，于是我们需要另找一段只属于我们俩的时间。周六上午不行，因为我们经常赶着去看足球赛或参加生日派对。但作为家里的早起者，我们决定让利奥和爸爸睡个懒觉，然后在周日早上约会。所以，现在是早上 7 点半，我们穿上运动衫和人字拖，从前门溜出去。我们在去咖啡店的 800 米路上手牵着手聊天。早上 8 点咖啡店开门时，我们排在队伍的最前面。

时间重塑策略 6
花时间经营友谊

在我以助理教授的身份来到沃顿商学院后不久，我向一位自己非常欣赏的资深女性同事寻求建议："您是如何成就这一切的？"她不仅是一位备受尊敬的研究人员和明星教师，而且婚姻幸福，与两个已成年的孩子关系融洽。此外，她刚开始工作时，商学院的女教授比现在少得多，这意味着她面临更多挑战。然而，她巧妙地经营着自己的事业，所以我想学习她的成功经验。

她给我的回答和她本人一样朴实无华："我只是做了分内之事。"我从其他人那里得知，她所谓的"分内之事"包括在生完孩子 5 天之后就给一教室以男性居多的工商管理硕士上课。幸运的是，相关政策已经更新，使我的"分内之事"更容易完成。尽管她的实用主义让我收获颇多，但她接下来的话触动了我，且影响了我此后的时间投资方式："凯茜，我没有把所有事情都做好。我错过了和女性交朋友的机会。"

这引起了我深深的共鸣，因为我很容易想象 20 年后的自己可能处于同样的情境。在孩子们、罗布、工作占用了我的大量时间和情感精力后，我已经所剩无几了。而且，我知道建立和培养健康的友谊同样需要大量的时间和情感投入。我听从了同事的忠告，意识到和我喜欢且尊重的女性相处能让我获得能量，我把这件事列为优先事项。

莉塔的舞蹈课。每周四下午，我都会在 2 点离开办公室去学校接莉塔，然后带她去上舞蹈课。她和朋友们跳来跳去的样子看起来很可爱。然而，我奉献这段时间的真正原因是为了有机会认识其他妈妈，并与她们建立友谊。

读书会。每月第一周的周四晚上我都会去读书会。我喜欢这种以读书为乐的驱动力。然而，我花这段时间的真正动机是与我喜欢并能向她们取经的女性保持联系。

现在我承认，我目前"和女孩们"一起出去的方式可能会让你放下这本书（"莉塔的舞蹈课不就是你花更多时间和女儿在一起的借口吗？"）或打哈欠（"对不起，但女孩们的夜晚真的不能没有干杯和共舞"）。然而，我这些天发现的这些与朋友共度时光的方式着实令人愉快。

把这些事情安排在周四是比较理想的选择，因为每周这个时候我已经完成了教学任务，因此我感到压力较小，也更放得开了。另外，周五晚上已经留给了罗布，周末留给了罗布和孩子们。

时间重塑技巧 7

为了确保完成想做之事，将它与必做之事进行捆绑

在第四章中，我们学习了通过捆绑来敦促自己完成琐事。在这里，我建议你把任务捆绑当作确保时间花在喜爱之事上的一种方法。把你想做之事（比如和朋友聊天）和必做之事（比如通勤）联系起来，你就更有可能花时间去做想做之事。此外，如果你把两个你想做的活动联系起来（例如和朋友聊天及出去跑步），你更有可能认为必须花时间去做这些事，然后就会真的去做。需要明确的是，精心安排时间是一种有意识地将时间花在有价值之事上的练习，这不仅仅关乎效率。在这种情况下，你可以两者兼顾：以有价值的方式高效利用时间。

电话约会。我和一些关系亲密的朋友住得很远。为了融入彼此的生活，我们安排了电话约会。然而，因为大家都忙于工作和家庭，我们几乎没有空闲时间能停下来打电话。因此，我尽量在通勤时间安排电话约会，比如在我下班回家的路上。

和朋友一起跑步。在上一章中，我提到了克里斯蒂娜的一个高尔夫球（最重要的事）。当克里斯蒂娜回顾过去几周的生活时，她意识到与朋友外出徒步时感到非常快乐。她喜欢户外运动，这可以让她保持活力和健康，她也喜欢社交。于是她想出了一种方法，可以更有规律地把锻炼和见朋友结合起来。现在，在

周二和周四的早晨上班前，克里斯蒂娜和一位朋友相约晨跑。这件事值得在早上 5:30 起床。和朋友跑步使她能够愉悦地开启新的一天。

时间重塑策略 8
为实现目标，保证做任务时不受干扰

通过提高目标感，一些工作任务可以让你感到有意义且满足。在理想的一周中，你需要明确有助于更高目标的任务（无论带薪或无薪）。你可以翻回第四章的"五个为什么"练习来帮助你明确这类活动。安排任务时，要在一周中精力最充沛、能最大限度减少外界干扰的时间段做这项工作。可以通过观察一天中即使没有喝咖啡也感觉最清醒，以及最能让自己远离干扰的时间段，来确定最佳工作时间。

时间重塑策略 9
在清醒时段安排需要保持清醒的事情

考虑这些关键事项在计划表上的最佳位置。即使你每天有 16 个小时的清醒时间，每周有 7 天空闲时间，你也不会每时每

刻都处于最佳状态。你什么时候精力最充沛？你在哪个时间段工作效率最高？把这些时间花在最需要你精力充沛的事情上。

快乐工作。我是一个习惯早起的人，一天之初是我最清醒的时候。我的整个博士论文几乎都是在黎明时分完成的。一醒来，我就把笔记本电脑搬到床上，一直写到需要吃早餐为止。但现在我有需要吃早餐的孩子们，我不能从早上 5 点开始一直躺在床上工作到中午。然而，一旦孩子们去上学了，我到办公室后仍然会把这段时间用于需要以最佳状态思考的工作。

在每个工作日，我尽可能将上午 9 点到下午 1 点这段时间用于科研和写作——这些工作有助于实现我"快乐工作"的目标。

时间重塑策略 10
在想要高效产出时，摆脱一切干扰，为进入心流状态创造条件

我把这段时间从日程中抽离出来，让自己远离一切干扰。按照第六章中的建议，我为进入心流状态创造了适当条件。在这几个小时里，我会关闭电子邮箱，关掉手机铃声，关上办公室的门。我甚至自带午餐，这样当我饿的时候依然可以继续工作。虽然每天和同事们一起吃饭很好，但是为了保证在不减少晚上和周末陪伴罗布和孩子们的时间的情况下我的研究取得进展，我

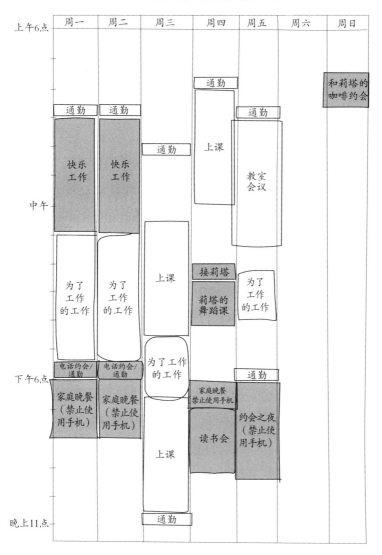

凯茜的周计划画布：快乐日程

克里斯蒂娜的周计划画布：快乐日程

	周一	周二	周三	周四	周五	周六	周日
上午6点		和朋友晨跑		和朋友晨跑			
	通勤	通勤	通勤	通勤	通勤		
	工作	工作	工作	工作	工作		与朋友运动
中午							看孩子踢球
	上门辅导	通勤	上门辅导	上门辅导	通勤		
		和孩子散步					
下午6点	通勤		通勤	通勤	和山姆的晚餐电视时间（禁止使用手机时间）		
	禁止使用手机时间	禁止使用手机时间	禁止使用手机时间	禁止使用手机时间			
晚上11点							

需要捍卫自己的高效时间。到了下午——当我精神能量较少的时候——我会打开门，安排时间完成"为了工作的工作"，包括开会、处理必要的电子邮件和一些行政事务。

第三步：留白

艺术家们会在色彩之间谨慎地留下空隙。有时候他们选择在画布上部分留白，以突出其他内容的视觉效果。同样，当重塑时间时，你也应该在周计划中部分留白。为了避免这些时间被其他琐事占用，你应当提前留出这段时间，使自己能真正休息、反思或机动应对各种琐事。

时间重塑策略 11
给自己留出随意支配的时间

作为父母，你总在回应孩子的需求。在喂奶、洗澡、刷牙、穿衣、辅导作业、整理书包、准备午餐、安排日程、陪孩子玩耍、教学、投入工作（远离屏幕）、打扫卫生、采购之后，你几乎没有片刻休息。你几乎每一刻都在满足别人的需求。如果你还要外出工作，空闲时间就更少了。即使你现在没被要求做什么，你的脑海中也会浮现一张清单，上面列出了所有仍需你关注的任务。画布上的留白部分从来都不意味着真正无事可做。

这就是为什么有小孩的父母是时间最匮乏的人——母亲的情况比父亲更糟糕。[3] 研究表明，在有孩子的夫妻中，如果双方都外出工作，母亲往往比父亲承担更多养育子女和照顾家庭的责任。[4] 也许这并不奇怪，在新冠疫情期间，妈妈们的职业受到的影响最大，当孩子们被困在家里不能上学时，辞职和失业的女性人数多到反常。[5] 阿什利·惠兰斯和她的同事们收集了疫情持续期间世界各地 3 万多人的时间使用数据。结果显示，每个人都在家时，母亲往往比父亲花更多的时间做家务，承担更多照顾孩子的责任。此外，妈妈们也明显更不快乐。[6]

早晨离岗。有了孩子后，我最怀念的是工作日的早晨。那是我一天中精力最充沛的时候，我渴望出去跑步，渴望做有意义的工作。而现在，我每天早上得在匆忙中把孩子们叫醒，帮他们整装待发，再送他们上学，这些事情占用了我高效产出的早晨，我为此十分沮丧。罗布试图做同样的贡献，在不出差的日子里，他会在旁边帮忙。但从实际情况来看，我才是最终责任人，他知道这一点，但这并不是我希望的。

所以罗布和我设计了任务分配方案。我们两人不用每天早上都参与照顾孩子，而是把工作日的早晨进行分配。我们各自负责几天，这样做能保证其中一人"在岗"，全权负责孩子们一天的开始，而另一个"离岗"的人则可以选择以任何方式开始自己的一天（去晨跑，早点儿开始工作，和朋友喝杯咖啡，等等）。

在"离岗"的早晨，我们（实际上是我）不得干预另一方照顾孩子的方式。如果莉塔的头发没有梳成我喜欢的样子，或者利奥的衣服搭配不当，我只能接受。这里没有谢丽尔·桑德伯格所谓的"母性把关"。[7] 我们遵循伊芙·罗德斯基关于夫妻如何分配家务的公平规则。[8] 罗布和我一致认为，把这些时间委派给别人意味着充分和完全的授权。我知道罗布有能力胜任，孩子们也会一切如常。此外，这种解决方案的优势大大抵消了利奥偶尔穿不同袜子去上学的尴尬。

在一周中找到可以像保护自己一样去保护的空间非常重要。比如，克里斯蒂娜发现参加周六上午的瑜伽课对她来说是最佳时间。在静心度过一个半小时后，她回家时能以一种神清气爽、兴奋不已的状态与家人和朋友共度周末。至于属于你的时间，你可以随心安排。你可以培养一项个人爱好，比如报名参加绘画班或参加网球俱乐部；也可以花一个小时在镇上逛街，只看不买；还可以自在地坐在最喜欢的椅子上读本书。

这些自由时间，对经常忙于照顾他人的女性来说尤其重要。不要因拥有自己独享的时间而感到内疚。记住，只有照顾好自己，你才能照顾好所爱的人。飞机上戴氧气面罩的顺序就是最好的例子：在紧急情况下，大人们得按指示，先给自己戴上面罩。

时间重塑策略 12
腾出时间去思考

舒式一小时。我在第七章介绍过"舒式一小时"的意义：为沉思而保留的一小时。匆忙完成各项任务后，你可以在这段时间里停下来去进行深入、广泛且具有创造性的思考。在你的周计划画布上为"舒式一小时"腾出空间，哪怕只有半小时或一刻钟也是有益的。

每周一早晨（我每周第一个"离岗"的早晨）我都会晨跑。正如我在第二章中所写，这是我最有信心完成目标的时候，也是我觉得时间最富裕的时候。我把"舒式一小时"和周一晨跑结合到一起，这样当我思考更重要的生活和工作决策时，能以乐观的态度面对它们。这使我能够根据不同选项的吸引力来综合权衡，而不仅仅关注其可行性。在这些特别的晨跑中，我不听音乐或播客，而是专心思考目前正在努力解决的问题，比如我应该给这本书起什么名字？或者只是让思绪游走。

把"舒式一小时"安排在客观上或主观上最不可能忙碌的一段时间里。克里斯蒂娜把她星期五下午回家后的时间留给"舒式一小时"。在被孩子和周末活动席卷之前，她给家里的宠物狗司莱施拴上皮带，开始半小时的散步。克里斯蒂娜一边熟练地遛狗，一边回顾她这一周的工作，顺带制订全年计划。你也可以像乔治·舒尔茨那样安排：在办公室里，关上门，面前放着一叠纸，关闭手机铃声。无论把它与另一个活动结合，还是给它分配单独的时间段，你都要给自己留一些思考时间。

时间重塑策略 13
留出什么都不做的时间

　　如你所知，我们总是把日程安排得过满。我们不愿意拒绝，还做出了太多对未来的承诺，因为我们以为到时候会有更多时间。此外，我们被迫变得高效，进行更多社交。不知不觉中，我们的储时罐就被填满了。就算小心翼翼，我们的周计划画布也会被很快填满。

　　长此以往你会精疲力尽。周计划没有给偶然事件留下任何空间，也使你无法活在当下。为了留出时间活在当下，你可能需要安排一些没有安排的时间。

　　在新冠疫情期间，摆脱日程安排的意义逐渐凸显。不再为个人事务分身乏术后，许多夫妻和家庭变得更加亲密。不再有四处奔波的压力后，人们被迫放慢了速度。无法外出娱乐，人们只能想办法自娱自乐。我们变得更有创造力，拥有的时间更具开放性，可以做任何当下想做的事情——玩大富翁游戏、小睡一会儿，或者什么都不做。尽管经历了这样的缓冲，但只要限制被解除，正常活动得以恢复，我们的日程就又变得满满当当。

没有安排。为了保持我的家人在开放时间中共同享受当下，我们腾出星期天下午，不做任何安排。这是留给我们做任何想做之事或什么都不做的时间。我们还要求在这段时间内禁止使用手机，以确保这段时间不会被不知不觉地填满或浪费掉。

第四步：为瓷砖排序

确定了固定日程、快乐日程、空闲日程、必做日程和想做日程后，下一步就是把它们整合在一起。现在是时候在画布上摆放你的瓷砖了，目的是将美好时光带来的影响最大化，将各类杂事的影响最小化。这将会令你的一周更快乐，也更满足。

时间重塑策略 14
拆分并延续乐事

在第五章中，我描述了享乐适应是如何发挥长效作用的，它会影响你对结婚等重大事件的情绪反应。同样的模式会在一周内出现，甚至在看电视等普通活动的几个小时内也会出现。

随着时间的推移，我们会习惯现有事物，所以我们在一项活动开始时会特别敏感。这是我们最专注的时候，体验也最为强

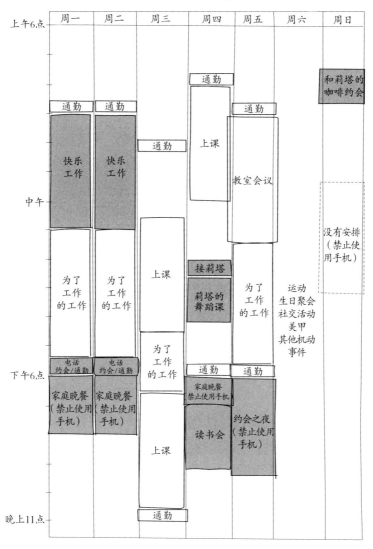

凯茜的周计划画布：留白

烈。因此，为了利用享乐适应，你应该把你喜欢的活动拆分开——创造更多开始，防止厌倦滋生。美好事物的延续也会带给你更多期待。

看电视就是典型例子。看电视虽然是一种令人愉快的活动，但由于享乐适应的影响，它产生的总体幸福感往往不如预期。在最开始看电视时，你会全身心投入，由衷地高兴。然而，在沙发上坐的时间越长，你就越容易走神，不愿多看。如果不是好莱坞编剧的高超技巧和结尾处的悬念，你大概率不会点开下一集。

然而，如果你采用拆分策略，不是一次性看 5 小时电视，而是把看电视的时间分成每周 5 次，每次 1 小时，那么你会更享受这 5 个小时。事实上，一项研究表明，在电视节目中间插播广告创造了更多的开始，从根本上使人们更享受电视节目了。[9]

我朋友有另一种策略能帮助你摆脱好莱坞编剧的控制。她在每集结束前 10 分钟关掉电视。这不仅可以避免整个晚上被放纵占据，而且当你下次再看时，你将从一个令人无比兴奋的悬念开始，并立刻看到它是如何得到解决的。

当你使用"时间重塑策略 14"时，思考一下在一项既定活动中获得最大收益所需的时间。一些活动需要适应时间，你不会拆分这段时间。举例来说，你不会希望通过拆分活动来打断心流状态。你不会愿意在刚深入谈话时叫停约会。在我和乔丹·埃特金进行的一项关于多样性带来的幸福感的研究中，我们发现，当人们试图在几个小时内做太多不同事情时，他们最后不那么快乐。[10] 交替进行的活动让人觉得从没真正完成过任何事情。然而，在一周内安排各种活动，会让人感到更有趣且更投入，同时也更快乐。

时间重塑策略 15
打包苦差事

对于那些你不是特别喜欢但又必须做的活动，依据同样的心理学原理，我建议你把这些事情集中到一个时间段。这会让你少一些恐惧和紧张的感觉。[11]

解决苦差事。即使听从了我给出的外包琐事的建议，仍然会有一些需要你做的事情。有人曾经告诉我，如果每天只做一点儿，就不会感觉那么糟糕了。考虑到享乐适应，这恐怕不是一个很好的建议，这会使一整周都弥漫着不得不开始做苦差事的烦恼，让我一整周都陷入恐惧之中。庆幸的是，这里有一个有依据的建议：打包苦差事。这样，你就可以有效地将这些事统统搞定……而且因为享乐适应，一旦你着手应对，它们就不会那么糟糕了。

苦差事。克里斯蒂娜运用这一策略，把周三晚上留给洗衣服和打扫卫生。这样一来，她就不会把这些事堆到周日晚上再做，而是把这些"瓷砖"精心拼接起来，不再让这些烦人的事情影响整个周末。我甚至更迫不及待地想要做完家务，于是我选择在周一晚上解决它们。

时间重塑策略 16
将苦事与乐事捆绑

为了让周三的家务显得不那么繁重，克里斯蒂娜运用了第四章中的捆绑策略。很长一段时间以来，她一直想听播客。同事和朋友很了解她的喜好，一直与她分享一些她一定会喜欢的好节目。这是她花些时间拓展思路的机会。因此，她听取了朋友们的建议，一边做家务，一边听播客。这两者简直是天作之合：她重新规划这段时间后，化苦闷为乐趣。

时间重塑策略 17
美差事应紧跟在苦差事之后

对一件事感到快乐或沮丧的时长可能远远超出你实际做这件事的时间。认识到这一点后，你得审慎地排列各种"瓷砖"，以最佳方式管理情绪遗留效应。

比如，你知道参加某个活动时可能会感觉很糟糕。那些消极的情绪——无论是压力、愤怒还是悲伤——往往会在你身边挥之不去，影响那一整天，甚至可能影响之后的一整周。为了减轻这些持续的影响，你可以在预料到的苦差事之后安排一件美差事来改善情绪。这不仅会缩短苦差事后不良情绪持续的时间，还有助于激励你应对并搞定苦差事，因为你知道，苦差事后有美差事在等着你。

珍珠奶茶散步。全校教职工会议让我压力很大。虽然我真的很喜欢和同事一对一相处，但出于某种原因，更大范围的团队互动令我感到焦虑。鉴于此，当我在日历上看到全校教职工会议时，我会提前约同事会后去喝珍珠奶茶。当我和朋友共同漫步在美丽的校园时，来自会议的压力很快就烟消云散了。

时间重塑策略 18
持续回味积极体验

正如你所知，大量研究表明精神体验比物质财富更能产生直接和持久的幸福感。其中一个原因是当我们适应已有事物时，可以继续在脑海中重温体验，每次都会得到新的感受。[12] 所以，当你明确感恩之源时，细数幸事。既然已经投入过时间，不妨多多回味这些欢乐之事。

这一策略至关重要。决定满足感的更多是我们所花时间的质量，而非数量。这一点对我们这些时间不够用、想要更多时间的人来说至关重要。是的，我希望拥有更多和罗布、孩子们以及朋友们在一起的时间。然而，从约会之夜、周日上午与莉塔的咖啡时间、读书俱乐部的讨论，到为利奥唱摇篮曲，我都能感受到一种深切的联系。这种感觉贯穿了我整个星期的心情，尤其是当我在脑海中再次回味这些事的时候。如果我发现自己情绪低落或感到压力，我会引导自己的思绪回到这些快乐的时刻。

把时间看作马赛克拼图

近距离观察，任何瓷砖都可能美丽或黯淡。但瓷砖并不是孤立存在的，就像你不只是活在当下这一个瞬间，而是活在每一个瞬间。正是这些整合在一起的时刻创造了你每天的纹理和每周的图案，以及你生命中的马赛克拼图。只有当你退一步去看那丰富多彩的复杂事物时，才能体会到时间之美。

不幸的是，我们经常想不到后退一步，而是把注意力停留在眼前的单片瓷砖上。我们为迫在眉睫的事情忧心忡忡，感受着分秒必争的压力。我们迷失在时间里，无法思考这些时间如何发展为更大图景的组成部分，或者它们如何组合在一起形成更大的图景。

这种短视的观念将如何使用时间这一问题变成了两难的困境，从而导致冲突、内疚和遗憾。不管你选择投资的是想做之事

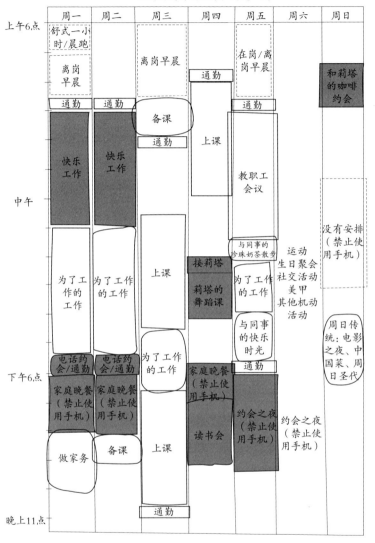

凯茜的周计划画布：完美一周

	周一	周二	周三	周四	周五	周六	周日

上午6点 — 舒式一小时/晨跑；离岗早晨；通勤

离岗早晨（周三）

在岗/离岗早晨（周五）

和莉塔的咖啡约会（周日）

通勤（周一、周二、周四、周五）

备课（周三）

上课（周四）

快乐工作（周一、周二）

教职工会议（周五）

中午

为了工作的工作（周一）

为了工作的工作（周二）

上课（周三）

与同事的珍珠奶茶散步（周五）

运动 生日聚会 社交活动 美甲 其他机动活动

没有安排（禁止使用手机）

接莉塔 莉塔的舞蹈课（周四）

为了工作的工作（周五）

为了工作的工作（周三）

与同事的快乐时光（周四）

周日传统：电影之夜、中国菜、周日圣代

下午6点 — 电话约会/通勤（周一、周二）

家庭晚餐（禁止使用手机）（周一、周二）

家庭晚餐（禁止使用手机）（周四）

通勤（周五）

做家务（周一）

备课（周二）

上课（周三）

读书会（周四）

约会之夜（禁止使用手机）（周五）

通勤（周三）

晚上11点

克里斯蒂娜的周计划画布：理想一周

	周一	周二	周三	周四	周五	周六	周日
上午6点		和朋友晨跑		和朋友晨跑			
	通勤	通勤	通勤	通勤	通勤		
							和朋友运动
						瑜伽	
中午	工作	工作	工作	工作	工作		看孩子踢球
	上门辅导	通勤	上门辅导	上门辅导	通勤	社交时间	
		和孩子散步			舒式一小时/遛狗		
下午6点	通勤		通勤	通勤			
	禁止使用手机时间	禁止使用手机时间	做家务/听播客	禁止使用手机时间	和山姆的晚餐电视时间/禁止使用手机时间		
晚上11点							

时间贫困   230

还是该做之事，你最终都会因为没有把时间花在另一件事上而感到后悔。如果你选择待在办公室而不是和朋友一起吃晚餐，你要么为自己是个不称职的朋友而内疚，要么为错过与朋友联系的机会而内疚。如果你为了和朋友见面而在项目还没完成时就停止工作，你会因为没有认真对待工作而内疚。这个问题没有正确答案。

　　然而，如果你退后一步看马赛克拼图，你会发现这些时刻是更大图景的组成部分。当你回顾你一周中的所有时间（以及一年中的每一周，以及生命中的每一年）时，你的时间分配决定将从"要不要做这件事"转变为"什么时候做这件事"。你不再为这一小时要做什么而感到矛盾，因为你有机会决定你要把哪些时间分配给你真正关心的事情。你可以选择何时开展真正能带来快乐的活动。如果和朋友共进晚餐是快乐之源，那就挤出时间去做。你也不会为此感到难过，因为你可以立即查看一周中其他不受打扰的时间，这些时间是你为重要事件预留的。你很确定地知道你一定会用上这段时间。然而，如果那顿晚餐感觉像是一种义务，对增强联系感毫无帮助，那么显而易见，它不值得占用你画布上的预留空间。

　　把时间看作马赛克拼图有助于你明白：一个小时并不能评判你的价值或你的人生。一个小时并不能定义你是谁，但是时间组合起来，就能代表你所珍视的一切和你自己的所有维度。你可能有多个优先事项，多种快乐之源。那些约会之夜、家庭聚餐、与朋友跑步、令人愉快的工作和离岗的早晨都弥漫着快乐的气氛。你不必只选一种颜色，不必在做一个好父母和拥有一份事业间做出选择。思考"何时去做"而非"是否要做"，能让你在生活中培养深厚的联系，带着明确的目标去工作。所以，当你下午3点离开办公室去学校接孩子时，这不是一个矛盾的、令人内疚的、能够定义你是谁的决定。你只要看看马赛克拼图，就能轻而易举地看到投入工作和陪伴孩子的时间。你的画布是丰富且充实的。

这个观点就是我在火车上那晚想要寻找的答案。是的，我不可能在任何给定的时间里事事兼顾、面面俱到。但我可以充实地度过每一周，以及我生命中的每一年。你也同样可以。

这个观点还有一个可取之处：它让你每个小时都更有在场性。将单片瓷砖目标明确地放置在马赛克图案中，便可以发出更亮的光。看到其他放在一旁的瓷砖时，你将减少对能否完成一切事情的担忧，因为你知道你何时能完成。你不再需要匆匆忙忙地赶时间，因为你为这项活动设定好了时间。你可以慢下来，专注并享受眼下之事。你把时间分配到有价值的事情上，让时间变得有价值。与其他时间管理方法不同的是，时间重塑并不受效率的约束，仅与将时间用于重要之事时所体会到的快乐有关。

更重要的是，在这里你是艺术家。你不只是一个被动的旁观者。这是属于你的时间，由你亲自挑选并摆放瓷砖，由你决定如何在一周内对它们进行最佳排序。由你创作的马赛克作品就是你所追求的精彩生活。

◇ 最好使用视觉辅助工具来规划时间。就像艺术家创作马赛克作品一样，通过挑选瓷砖、划分空间、排列事件来创造理想的一周。

◇ 你可以通过活动安排将美差事的影响最大化、苦差事的影响最小化。

◇ 为最重要的活动预留时间（例如，让你获得更多联系感的活动，帮助你实现目标的活动，思考的时间，无所事事的时间，属于自己的时间）。

◇ 在这些时间中"禁止使用手机"，这样你就不会分心了。

◇ 为了确保你把时间花在想做之事上，把想做之事和该做之事进行捆绑。

◇ 为了苦中作乐，可以把你的该做之事和想做之事结合在一起。

◇ 把你的乐事延伸开来，增强做这些事情的乐趣，拥有更多值得期待的美好时光。

◇ 将苦差事整合起来，把做非常繁重且使你害怕的事情的时间减到最少。

◇ 重构时间决策，将"是否要做"转化为"何时去做"，以这种心态展望未来的一周，可以减少冲突和内疚感。

第九章

鸟瞰时间：
增加人生的幸福感

等待的人觉得时间太慢，恐惧的人觉得时间太快，痛苦的人觉得时间太长，喜悦的人觉得时间太短。但是对相爱的人而言，时间即永恒。[1]

——亨利·凡·戴克

每当相聚在一起歌颂生命时，我们总被提醒人生可以何等精彩。讲话者的身体微微颤抖，情绪饱满，她走到前面，拿出一张纸，用讲台支撑着身体。

当我们今天站在这里怀念妮科尔时，我想明确表示，这个葬礼违背了她的意愿。在她生命的最后几天里，她说："我知道你会为我举办一场盛大的葬礼，但我讨厌成为众人关注的焦点。只要把我埋在地下就好……对了，要确保每个人都吃好……或许自制的小罐格兰诺拉麦片可以作为礼物？

这就是妮科尔。她喜欢低调的生活，并在小确幸和所爱之人的包围中得到满足。她是个亲力亲为的慈母，但总是保持克制，不会让孩子们感到透不过气。当她的大儿子说"我不想上大学"时，她只是耸耸肩说："我觉得没问题……我为你上大学存了一小笔钱，给我一份让你快乐和自给自足的计划，这笔钱你想怎么花就怎么花。"而且，如你所知，她的两个孩子都很快乐，自给自足，茁壮成长。

妮科尔是一位有爱的妻子，她在一篇文章中率先提出了每周只过 5 天婚姻生活的想法，解释了每周分居两天的好处。文章被收录在她的著作《深思熟虑》中，引起了轰动。她和丈夫用积蓄购买了一套小公寓，两人轮流享用。他们已经过了 45 年幸福的婚姻生活，看来这种模式对他们来说似乎很有效！

她经常反思人们的处事之法。在一篇关于养宠物之荒谬的文章中，她写道："为什么我们要把动物困在家里，使它们与家人隔离，并根据它们的排尿习惯安排我们的全部日程？"

她还质疑道："为什么人们先结婚再生孩子？干吗不直接生个孩子——这比婚姻的联系更有效，等 15~18 年后孩子成年了，再考虑是否要一起共度余生？"《深思熟虑》是妮科尔留下的遗产之一。她鼓励身边的人换个角度思考习以为常的观念。

妮科尔还致力于帮助他人。她创办的慈善机构"与长者一起烹饪"将想要学习烹饪的年轻人与没有收入来源的老年人联系起来，其核心是老人通过传授年轻人厨艺来赚钱。妮科尔在发起这个公益项目的同时赋予了它更深远的益处：为孤独的老年人提供陪伴，也让他们在自己家中赚一些钱，获得尊严感。这个项目通过美食将社区成员联系在一起。老人中有超过一半的人是在国外出生的，所以项目中还特别注入了对多种族的包容与感激之心。

我们都会想念妮科尔，她的孩子们、她的著作《深思熟虑》、公益项目"与长者一起烹饪"，以及她辛勤打理的蔬果园都是她留给我们的遗产。为了纪念她，我希望大家能试着改变一些自认为理所当然的"处事之法"。对了，离开时别忘了带上她送的自制麦片。

纪念妮科尔的生命提醒我们要充实自己的人生。

可是怎么做呢？怎样才能过上充实的生活？怎样才能把时间花在有意义的事上？你想留下什么遗产？什么样的选择最终会使你快乐？这些都是我们将在本章中努力解决的人生议题，也是整本书的主旨。通过缩小焦距来全面审视生活，你可以清楚地知道如何充分利用每分每秒。

鸟瞰人生

截至目前，本书一直专注于探讨时间问题。我们已经讲解了该在哪些事上花费时间，如何在时间管理中做有心人，以及如何妥善安排一周的时间。现在我们将以更广阔的视角，以每年和每十年为单位来进行思考。我会督促你从全局思考人生，目标是让你更快乐，当然，我也有数据支撑"缩小焦距"策略的有效性。

泰勒·伯格斯特龙、乔伊·赖夫、哈尔·赫什菲尔德和我进行了一项研究，调查了数百人对自己的时间的看法。[2] 我们发现，那些通常以广阔视野看问题的人更快乐。研究结果表明，不考虑年龄和其他相关人口统计学变量，那些对时间有鸟瞰视角的人表现出更多积极情绪、更少消极情绪，他们的总体生活满意度也更高，生活更有意义。我们发现这些人对以下说法极为赞同：

- ◆ 我鸟瞰时间，从上往下看时，生命中的所有时刻可以尽收眼底。
- ◆ 我倾向于像看日历那样看待自己的时间，属于我的每日、每周、每月全都清晰地呈现在我眼前。
- ◆ 我试着以更广阔的视角来看待自己的时间，以年而非小时为单位来思考。
- ◆ 我做决定时会考虑这个决定对我一生的影响。

你的马赛克拼图

以更宽广的视角看待时间能够提高幸福感。原因之一是马赛克拼图之美。在前一章的末尾，我描述了把你一周所有时间视作瓷砖图案的好处——不被某一片瓷砖和一种颜色限制。将视野从几小时、几周进一步放大到几年和几十年，益处将持续显现。你意识到你只是处于更大整体的一小部分。糟糕的一年会过去，糟糕的几年也会过去。一段艰难的关系、一段关系中糟糕的阶段、一份错误的工作、失去所爱的人、一场全球性疫情等等，都会过去。之后，你的画布上仍然有空间留给新的开始、新的图案、更精彩的人生。

以年为单位思考人生会让你意识到不必如此匆忙地度过每一天。从大学毕业到退休，你有 40 多年的时间。千禧一代的平均跳槽时间为 4 年，这意味着现在大多数人在职业生涯中会从事大约 10 份不同的工作。这一提示对我的学生非常重要，能够缓解他们毕业后找第一份工作的压力。他们不需要一开始就做正确的选择。

这一点父母也需要谨记。如果你有孩子，你的孩子只会在你 40 年的职业生涯中跟你住在一起大约 18 年，这还不到你工作时间的一半。在这 18 年里，你只有几年需要在半夜起床照顾他们。令人疲惫的阶段会出人意料地短暂，最美好的阶段也是如此。

在这 40 年的职业生涯之后，你还有 25 年的退休时间可以自由支配。鸟瞰图显示，你已经走过了许多充满活力的岁月，同时也突出了所有你尚未规划的岁月。

这个更大的画布需要多姿多彩——将时间投入在各种爱好和优先事项上。你即使不能立刻完成所有事情，也可以用一生去实现一系列追求。记住，这种视角有助于把时间决策从"是否要做"转变为"何时去做"。什么时候你会把更多的时间花在家庭、工作、换工作、学习、冒险或自己身上（不管这对你意味着什么）？更重要的是，你不需要把时间分成单色大块。你可以充满创意，在一生中使这些色彩交织起来，你只需要在每个阶段调整每种颜色的用量。

年龄会带来变化

以整体视角纵观一生还能让你品味不同的人生阶段。今天迫在眉睫的事情不同于你在十几岁时遇到的困扰，也不同于令你在暮年夜不能寐的挑战。如果你有写日记的习惯，当你比较以前和现在的日记时，或者听到处于不同人生阶段的亲人讲起当下的困境时，你可能会注意到这些变化。

从网上搜索并阅读"数字时代的日记"[3]后，也能体会到这一点。塞普·卡姆瓦尔和乔纳森·哈里斯编写了一个抓取博客圈（社交媒体世界前身）信息的计算机程序，即刻抓取了所有与情绪有关的表达。这个名为"我们感觉很好"（We Feel Fine）的计算机程序捕捉了人们写下"我感觉……"或"我现在感觉……"的所有实例。通过博主的个人资料信息，"我们感觉很好"可以实时确认博主的感受。[4]

　　塞普和乔纳森分析了数百万条类似的情绪表达，结果显示随着年龄的增长，人们担忧的事情发生了重大变化。青春期时忧虑来自自我定义和自我怀疑，20 多岁时焦虑来自对成就的渴望，30 多岁时焦虑来自想要安定下来、放慢节奏、生育后代的挑战，然后是对家庭、社会以及后半生产生更广泛影响的责任感。

　　我对这些数据很感兴趣，于是和塞普在排队等烧烤时聊了聊，我想了解这些数据传递了哪些与幸福相关的信息。在与珍妮弗·阿克的后续研究中，我们发现除了烦恼，年龄对幸福同样有深远的影响。虽然这些数据还不能告诉我们年龄是否会影响我们一生中感受到的幸福程度，但这项研究及后续研究表明，让我们感到幸福的东西和我们感到幸福的方式均会在一生中发生变化。[5]

　　还记得我和阿米特对比快乐周末的事情吗？我们在研究中发现，年龄的差异会影响我们从平凡和不平凡的经历中能获得多少快乐。[6] 对年轻人来说，不平凡的经历（达到人生里程碑、千载难逢的度假、文化活动）会带来更强烈的幸福感。然而，对老年人来说，平凡的经历（与爱人共度简单时光、享受美食、欣赏自然美景）与那些更昂贵、更难以获得的不平凡的经历一样能带来快乐。也就是说，随着年龄的增长，我们更有可能也更有能力从生活中的平凡时刻中获得快乐。随着年龄的增长，我们越来越善于享受简单的快乐。

博客研究数据还表明，年龄不仅会影响令我们最快乐的经历，还会影响我们如何体验快乐。年轻时，我们更多地将快乐当成刺激——一种更张扬、更有活力的正向感受。十几岁和二十几岁的人更有可能表达出刺激带来的快乐，这一点很明显。

◆ "我感到既快乐又刺激——近似疯狂的那种快乐！"
◆ "我感到非常刺激和快乐。"
◆ "我感到快乐、自由、刺激，而且非常紧张，但我很高兴看到生活本来就是这样。"

然而，随着年龄的增长，我们开始更多地把平平淡淡当作快乐—— 一种更安静、更祥和、更满足的感觉。30 多岁的人表达两种快乐的可能性相同，而 40 多岁、50 多岁及更年长的人表达安稳幸福的可能性更高。

◆ "我感到快乐、轻松、平静。"
◆ "我现在感觉很平静，很开心。"
◆ "度过了一个风平浪静的周末，今天我觉得很开心，很平静。"

刺激和平静都是正向感受，但正如下图所示，这两种形式的快乐在我们几十年的人生中以不同的比例出现。

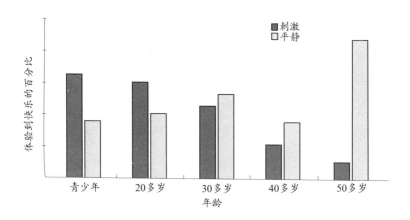

这些结果表明，当一个 20 岁的人和一个 50 岁的人表达自己感到快乐时，他们的感受可能并不相同。认识到这一点可以帮助我们理解处于不同年龄的自我与他人的情绪。这有助于我们避免通过年轻时的自己来评判现在的自己。还记得我和罗布还有我的宝贝利奥度过的那个安静的周末有多开心吗？如果换作是青少年时期的我在周末参加这样的活动，可能会翻白眼。然而，这并不是说我的生活变得无聊和不快乐了，而是我对快乐的定义改变了。这一点非常重要：美好周六之夜的成分将会改变。就算目前还没有变化，"快乐生活"的成分也终将改变。这不是什么坏事。此外，这些知识可以帮助你成功地规划未来的人生，并从过去的生活中平稳过渡。虽然快乐的方式看起来有些不同，但在人生的每个阶段都会拥有很多快乐。

重要性大于紧急性

以更宽广的视角看待时间问题，还有一个重要原因，那就是以年为单位思考对于如何安排时间至关重要。也就是说，从整体上思考生活可以突出你的价值观，这可以指导你迅速做出如何利用时间的更好的决定。

的确，回头看看我跟泰勒、乔伊、哈尔采访过的人，我们发现那些自称鸟瞰时间的人会把一周中更多的时间花在他们认为重要的事情上，而不仅仅是那些紧急的事情上。[7] 这一点非常关键，因为另一个团队的研究警示我们，当在生活中感到匆忙时，我们倾向于把时间花在紧急的事情上，不管它是否重要。[8]

这些发现共同促使你以更宽广的视角看待时间。全面地思考生活可以提醒你把时间花在重要而非看起来紧急的事情上。视角的改变可以减少因时间不足而受到的限制，帮助你对抗持续在精神上使你分心的待办清单，避免你的储时罐装满细沙。

此外，该视角可以帮助你确定重要之事。在前面的章节中，我已经提到了如何识别"激发快乐"的事情，以及帮助你追求更高目标的事情。除了知道什么时候能让你感到快乐和有目标，要想过上最好的生活，你还得识别那些与你的价值观相符的时刻：对你来说，最重要的到底是什么。这就是接下来两个练习的用武之地。在第一个练习中，你将想象自己站在生命的尽头回顾过去。在第二个练习中，你将向一个经历过充实人生并正在回顾过去的人学习。通过敦促你从全局思考人生，这两个练习都能让你深入了解哪些事情构成了对你来说有意义且重要的生活。

想象生命的尽头

你希望人们怎样回忆你？当你在生命的尽头回首往事时，你希望人们说些什么？你希望他们分享哪些与你有关的故事？简言之，你希望留下什么遗产？

为了鞭策大家找到答案，我会给你们布置和学生一样的作业：为自己写悼词。这并不是件容易的事。考虑自己的死亡时刻的确令人不适，但这也有一个巨大的潜在益处：对死亡的必然性保持清醒是敦促你生活得充实的最强手段之一。回答这些问题会帮助你弄清楚最重要的是什么，即你的价值观是什么。你的答案可以告诉你如何度过今天、明天和接下来的每一天。

 练习：写悼词

你将如何被回忆？你会给这个世界和你爱的人带来什么影响？你实现了什么目标？创造了什么？贡献了什么？用什么词来

形容你比较恰当?

一个人去世后，会有人写一段演讲词怀念他，这就是悼词。本练习将要求你为自己写悼词。写的时候从他者视角出发（你可以任意选择，例如子女、配偶、朋友、生意伙伴），并假设自己能活到 90 多岁。

本章开头的悼词是我的学生妮科尔写的。下面这份很棒的悼词是学生贾斯廷的作品。

> 我的父亲并不总是给我我想要的东西……但他总是给予我需要的……虽然有些"东西"对我来说很重要，所以父亲的做法会使我不开心——现在回想起来，他给我上了最有价值的一课。真正值得拥有、向往和渴望的"东西"不是用钱买来的，而是由爱、努力和奉献获得的。
>
> 我的父亲是一个非常称职的丈夫、父亲和朋友，他经常表扬孩子们在学习过程中的表现，而非仅关注结果。此外，小时候让我有些烦恼的事情是，我不断听到父亲说："你这么努力，一定能克服这个困难——这个挑战可不是无缘无故出现在你面前的。"但正是这句话让我度过了人生的至暗时期。所以，我努力工作，克服困难——这些时候我经

常会想起我的父亲。

　　父亲在家的每一晚都哄我睡觉。他每天晚上都凑在我耳边说"特别的话"——这是我俩给悄悄话取的名字。我的兄弟姐妹和父亲的悄悄话是不同的，所以我只能说出这些话对我来说意味着什么。他总说我是一个多么特别、有爱心、体贴、勇敢、好奇和坚忍不拔的女孩，他和妈妈有多么爱我，多么为我感到自豪。但更重要的是，我应该为自己感到自豪。他总是在"特别的话"结束前，说他是多么的幸运，能成为我的父亲，一想到能和我一起度过明天，他有多么兴奋。虽然明天我们不能一起度过了，但我想把同样的奉献、爱和鼓励传递给我的孩子们。因此，每一个夜晚，我都在他们耳边轻声说着特别的话，让他们知道自己是多么特别、多么体贴、多么了不起，我们是多么爱他们，我们是多么为他们感到自豪，他们也应该为自己感到自豪。

　　爸爸，我爱你——我想让你知道我们多么自豪有你这样的父亲、丈夫和朋友。你带来了如此多的快乐和幸福，对每件事都尽心尽力。你带来了热情、理解和承诺，你的思维方式让周围的人变得更明智、更智慧、更友善。我爱你。

虽然这两篇悼词提供了一些关于如何完成这项任务的灵感，但你的悼词必须是完全围绕你自己的。在生命结束时，你希望别人如何讲述你的故事?

从妮科尔和贾斯廷的悼词中,我们能解读出他们各自看重的品质。他们想过的生活是显而易见的。事实上,他们已经开始过这样的生活。当然,他们提到的一些生活经历(子女、婚姻、写书)尚未发生。但他们希望在生命结束时被怀念的方式,正是今天他们在我眼中的样子:妮科尔总能进行发人深省的思考,贾斯廷具有奉献精神,他们都很善良可爱。根据他们想成为什么样的人,我们能了解他们是什么样的人。通过写下他们希望被记住的方式,他们的价值观和所关心的事情不言自明。妮科尔重视开阔的思维。贾斯廷看重努力和子女,很重视向孩子们灌输努力工作的价值观。

为自己写悼词同样发人深省、鼓舞人心。它会让你明白自己最看重的个人品质——对你来说最重要的事。这将指导你与世界交手的方式、在哪些事情上付出努力,以及如何利用你的时间。

在我的课上,完成这个练习还需要另一个步骤(好像自己写悼词还不够难似的)。每位学生的悼词都由另一位同学大声朗读。虽然这有些令人紧张,但有很多原因能解释其价值所在。首先,同时聆听自己和他人的悼词,能凸显你所追求的东西在很大程度上是独一无二的。这有助于你建立衡量个人成功的标准。你应该仅仅基于这些维度(而不是其他人的抱负)评估你的人生表现。当你发现你所处的位置与向往的位置间有差距时,你应该仅用自己的戒尺去鞭策自己改变或付出更多。

除了揭示你的价值观与同龄人的区别，这么做还能让你看到同龄人的价值观在哪些方面趋同。识别价值观的共性可以帮助你建立更大的社群和归属感。正如我们所知，这种联系感是增加幸福感的必经之路。

最后，听别人读你的悼词会提醒你别人脑海中和心目中你的样子。你正在产生什么影响？你想要产生什么影响？你可以根据这些来行事。

他者的智慧

写悼词可以鼓励你想象生命的尽头并回顾过去。下一项练习则鼓励你观察那些已经逐渐接近生命尽头的人，并请他们回忆往昔。虽然时间可能是我们最宝贵的资源之一，但别人经历过的时间无疑是另一种宝藏。对我们而言，请仰慕的人分享他们人生路上的体验、反思和收获，无疑是宝贵的学习机会。

我采访过一位我非常尊敬的前辈，在我看来，她度过了教科书式的一生。简是一位走在时代前列的女性，1964 年开始在以男性为主导的大学出版社工作。在 40 年的职业生涯里，简担任过图书编辑和出版主管，有很多值得自豪的地方。但还远不止这些，退休后她开始了自己的新事业，成为一名作家，出版了 4 本书。然而，当我问简，回顾她 82 年的人生，她感到最自豪的事情是什么时，她不假思索地说："我的孩子们，他们的品格。"

然后她解释道："我有两个儿子，他们都非常成功，但最重要的是他们成了什么样的人。作为一位母亲和祖母，培养孩子们的道德品质是我的责任之一。我的原生家庭成就非凡。我父母是纽约下东区移民家庭的孩子，他们携手从赤贫走向富有。因此，获得成就很重要。但你是什么样的人，你如何待人接物，才是使这一切成为可能的根本。我希望我的品质和个性能在后辈的性格中得到传承。"

在下一项作业中，我要求学生们去采访一位他们敬仰的人。

 练习：向敬仰者学习

既然你想要弄清楚过上幸福生活的方法，你就一定有很多事情需要向已经过上这种生活的人请教。采访一位令你敬仰的长者，了解他们的经历，询问他们如何看待自己人生路上取得的成就、犯过的错误及所做的选择。这对你未来的人生选择将有所启示。特别了解一下他们因什么自豪，又因什么遗憾，这样你就知道现在该如何利用时间，未来回顾人生时也会更有满足感。

必须问这两个问题：

◆ 回顾整个人生，最令您自豪的事情是什么？

✦ 回顾整个人生，最令您遗憾的事情是什么？

如果时间允许（当然是以受访者的时间为主），你还可以提这些问题：

✦ 您人生中最重要的决定是什么？

✦ 您的生活和事业是否产生过冲突？冲突发生在什么时候？结果如何？

✦ 您低估了什么事情的重要性？

✦ 您高估了什么事情的重要性？

然后，在接下来的课上，学生们会分享他们在采访中的收获。

大部分被敬仰的长者都是一位家庭成员（比如父母、祖父母、配偶的父母）、家庭世交或专业顾问。他们性别均衡，国籍多样（比如美国人、印度人、中国人、韩国人、哥伦比亚人、英国人），来自各行各业（包括在家照顾家人）。

尽管背景不同，但他们提到的最自豪的事情却惊人得一致。67% 的受访者与简非常相似，认为家庭是最令他们自豪的事情。他们与家人的关系密切，孩子长大成人，自己是个称职的父母或祖父母，并在重要时刻将家庭作为优先选项。还有 9% 的受访者对自己兼顾了家庭和事业感到自豪。所以，认为家庭是最让他们自豪的受访者占总人数的 76%。

家庭被提及的频率最高，其他自豪之源均为个人成就：学业成就（2.5%），职业成就（6%），财务状况（2.5%），勇于坚持走自己的路（7.5%），做导师（2.5%）及慈善（2.5%）。

下面这张饼状图描述的样本是工商管理硕士们敬仰的幸福人群，尽管抽样不够精准，但它却与一项史上最全面的纵向研究有着惊人一致的结论。[9] 在哈佛大学的成人发展研究中，研究人员招募了一组年轻男性，并对他们进行了长达 75 年的跟踪调查。一部分参与者是哈佛大学的学生，另一部分来自波士顿的蓝领社区。每隔几年，研究人员就会调查和采访这些人，了解他们住在何处、从事何种职业，以及现状如何。该研究的现任主任罗伯

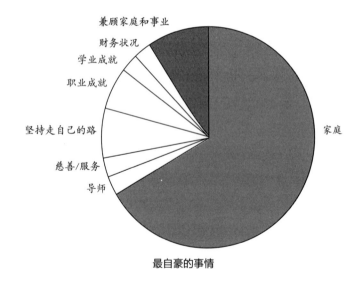

最自豪的事情

特·瓦尔丁格在他的 TED 演讲"何事造就美好生活?"中分享了研究发现。事实证明,使生活真正幸福和满足的最大影响因素既不是财富也不是名望,而是一种强有力的、相互支持的关系,也就是家人(或者拥有足够亲密的、如同家人般的朋友)。

那他们的遗憾之源又是什么呢?汇总受访者分享的最大遗憾,我们得到了相同的答案。如下图所示,最常见的遗憾是没有花足够的时间陪伴家人(38%);有人提到了失败的关系(7%),比如婚姻破裂或与子女或兄弟姐妹的关系破裂;还有人提到他们的学业或职业潜能没有得到充分开发(18%)。上一张有关自豪之事的图中,以及最常见的遗憾是为选择个人追求而舍弃家庭,都表明培养牢固的家庭关系是一个明确的优先事项。

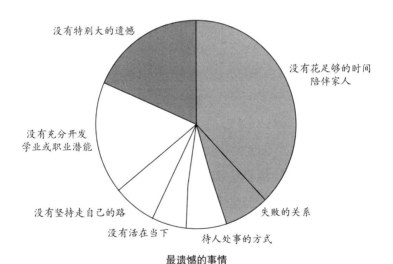

最遗憾的事情

这个关于如何过上美好生活的结论和我们在本书中一再得出的结论是一致的。为你所爱之人预留时间，并竭力捍卫这段时间。在这段时间里保持全身心投入：不缺席、不分心。把手机收起来。是的，维系关系确实需要时间，但人际关系绝对值得投资。

不留遗憾

在人生之旅中，遗憾是称职的领航员。这种感觉提醒我们犯了错误，指导我们下次如何做出更好的决定。但是生命只有一次，没有人希望在生命结束时——在没有下一次时——留下重大遗憾。因此，吸取他人的教训会有很大帮助。

当我问简她最大的遗憾是什么时，她说她没有任何遗憾。起初我并不相信。没错，我是觉得她很棒，但她不可能永无过失。所有人都会犯错。但当我看到一部分学生的受访者（18%）给出了同样的答案时，我意识到这事没那么简单。简承认对其他人的一些行为感到遗憾："如同彼时学术出版界的大多数女性一样，我被当作二等公民对待，我确实为这样的事实感到遗憾。但那不是我能力范围内的事情。无论过去还是现在，我能力所及的是对我的错误做出认真反馈并积极采取补救措施。"所以她说的不是她从来不会犯错，而是她也会犯错，但当她认识到错误时会努力改正。她没有任何挥之不去的遗憾，因为她已经解决了遗憾。简对待遗憾的态度与心理学研究的发现相吻合，这可能对所有想要避免遗憾的人具有指导意义。

遗憾被定义为一种消极情绪，当你意识到过去的不同决定可能会带来比实际情况更好的结果时，遗憾的情绪就会出现。当要求人们讲述现阶段的遗憾时，研究人员发现有两种类型的遗憾[10]常被提及。一种是对采取行动的遗憾：他们做了一些不应该做的事情（比如，"我不该那么说""我不该接受那份工作"）；另一种是没有采取行动的遗憾：他们没有做一些应该做的事情（例如，"我应该说些什么""我应该申请那份工作"）。

这两种遗憾虽然一样常见，却沿着不同的时间轨迹发展。短期来看，采取行动会产生更多遗憾；长远来看，不采取行动会产生更多遗憾。导致这一现象的原因是，因采取行动产生的遗憾往往更严重，因此会激励当事人鼓起勇气纠正他们所犯的错误。比如，如果你说了不该说的话，你马上就会意识到这个问题，所以你立刻通过道歉来扭转局面。再比如，如果你接受了一项明显是个错误的工作，你就可以辞职（如果你承担得起辞职的后果的话）。我们纠正这些严重错误的倾向解释了为什么我们对已有行为的遗憾是短暂的，谢天谢地。

另一方面，因没有采取行动而产生的遗憾往往无伤大雅。通常情况下，没有什么明确可以补救的东西。不幸的是，这使得此类遗憾悄然而至，并长期存在。如果你没有争取事业发展的机会，之后也不太会出现同样的机会。继续保持沉默，让机会溜走太容易了。

真正重要而往往没有来得及说出口的是"谢谢"。没有及时向要感激的人表达谢意，绝对是你想要避免的遗憾。为了给学生们必要的动力，我要求他们给生命中的某个人写一封感谢信。我听学生说过做这项作业的体验，我自己也做过几次，我可以证明这个练习对写信人和收信人都有深远的影响。现在我希望你们也能体验这种感觉。

 练习：写感谢信

给你未曾真诚表达谢意的某个人写封感谢信。内容由你掌握。你可以当面朗读或通过电话朗读这封信，也可以通过电子邮件或传统邮寄方式送出这封信。

让我们回到刚才的研究上，在饼图"最遗憾的事情"中，遗憾的时间进程为我们提供了深刻启示。不当行为带来的遗憾可以被弥补，但没有采取行动造成的遗憾持续存在，这解释了为什么如此多的受访者最大的遗憾是没有做的事情：没有花更多的时间陪伴家人，没有完全开发自己的学业或职业潜能，没有坚持走自己的路，或者没有活在当下。这个结论不仅适用于我学生的采访对象。另一组研究人员采访了住在养老院的老人，得出了相似的结论。在暮年回顾往昔，老人们最大的遗憾通常来自他们没有做但希望自己做了的事情[11]：

- ◆ 没有花足够的时间陪伴家人和朋友；
- ◆ 错失受教育的机会；
- ◆ 没有把握机会；
- ◆ 错过浪漫的机会。

我们应该向长辈学习，谨记他们幸福人生的经验。我们可以从他们身上认识到，人生最大的遗憾是没有采取行动——没有把时间花在重要的事情上。我们已经得到提示，如果没做该做的事，之后则不太可能有补救的动力。这就是为什么在本章中，我敦促你站在人生之旅的终点进行思考。让大家做一些公认具有挑战性的练习，目的是帮助你们认识到对自己的选择持消极态度的后果。后果很严重：错过了机会，错失了快乐，造成了终生遗憾。为了避免这种不快乐，行动起来吧。

我写这本书的目的就是想告诉你如何采取行动。我已经将行动需要的工具递到你手中。不要让时间贫困或信心不足成为阻碍。把时间花在做善举和锻炼身体上，你会发现你在有限的时间里可以完成多少事情。明智地使用时间，不要把时间浪费在屏幕前，要将它们投资在能给你带来快乐的人和经历上，投资在能帮助你实现既定目标的事情上。向那些让你的生活变美好的人致谢，珍惜与他们共度的时光，让时光变得更美好。以你渴望被记住的方式去生活——过一种不留遗憾的生活，从任何时候开始都不晚。

这不是天方夜谭。有些人已经做到了，比如简。你也可以。

为人生做时间重塑

不留遗憾的生活并不意味着一帆风顺。幸福生活也不代表每时每刻都幸福。你在多大程度上认为生活令人满意且有意义，不仅取决于你实际选择做什么，还取决于你选择关注什么：你在生活中的收获，以及你所演绎的故事。

意义

从全局审视人生时，你既想得到快乐，又想过得充满意义。幸运的是，这些目标彼此并不矛盾。我跟里亚·卡塔帕诺、乔迪·奎德巴赫以及珍妮弗·阿克分析了 123 个国家超过 50 万人体验过的快乐和意义，结果表明，快乐和生活的意义是高度相关的。[12]

然而，体验生活的意义（比如，把生活看成是重要的、有目标的、有意义的）并不需要持续感到快乐。[13] 事实上，如果你能克服消极体验，从中吸取教训，并演绎如何变得更好的故事，消极体验也能帮你找到人生的意义。[14] 例如，当婚礼被取消，我的梦想破灭时，我收拾残局，重新振作起来。我学到了重要一课：我还有其他选择，这让我对自己和获得幸福更有信心。我不依赖内在的快乐天性或理想的环境来体验生活中的满足感。我对我关注的和选择的事情能产生影响。我现在变得更好了，因为我意识到，我能在很大程度上掌控自己的快乐。你们也能。

虽然我希望能帮助你免受生活之苦，却爱莫能助。遗憾的是，痛苦在所难免。不过当它发生时，你一定能挺过去。了解这些情况后，你就能更快地重新站稳脚跟。我知道你能做到，因为你已经做到了。从客观上讲，新冠疫情对每个人来说都是一次可怕的经历，对某些人来说尤为可怕。但你活下来了，你上岸了。此外，我们都学到了重要的一课：尽管相距遥远，我们仍能真心相连。每次相聚都很珍贵。我们受益于利用日历上的开放空间来思考、玩耍和创造。我们坚忍不拔。

在这些艰难中挣扎向前时，马赛克隐喻非常有用。你可以将这些障碍视为瓷砖，这有助于丰富图案的纹理。关键是如何将这些部分整合进你的图案。你需要把这些消极的事情和自己精彩的人生故事联系起来——看到你确实经得住考验，甚至破茧成蝶的画面。

回忆

诺贝尔奖得主丹尼尔·卡尼曼在他的 TED 演讲和同名著作《思考，快与慢》中指出，叙述人生的方式对我们的快乐有较大影响。我们讲述的人生故事都基于我们的记忆。反过来，这些故事会影响我们之后的记忆和我们最终感受到的快乐。

我需要解释一下。卡尼曼区分了评估快乐的两种路径：体验和记忆。体验到的快乐是我们日常生活中的快乐，是我们在生活中的每一刻体会到的积极情绪。记忆中的快乐是我们整个人生的快乐程度，是我们依据回忆过去的时光的感受所做出的评价。为了进一步说明，他将这种区别应用于假期这种短期时间框架中。你"体验到的快乐"就是你在假期中每一天的感受。研究人员会通过让你每天记录当下的感受来衡量你体验到的快乐（就像你在时间追踪练习中所做的那样）。另一方面，你"记忆中的快乐"，是你之后回忆并对整个假期的评价。

当然，体验也会成为记忆的一部分。而你花时间去做的事情会构成这两种形式的快乐。例如，和好朋友共进一顿美妙的晚餐，会带来愉快的体验和回忆。这在我进行的一项研究中表现得非常明显。[15] 我问一组人，如果他们的目标是将体验到的快乐最大化，他们将如何度过接下来的一小时。然后问另一组人，如果他们的目标是将记忆中的快乐最大化，他们会如何度过这一小时。结果显示，两组人提到的绝大多数活动是相同的：与家人和朋友在一起、享受美食，以及去户外活动。

然而，体验过的快乐和记忆中的快乐虽然相互交织，但依然有所不同。卡尼曼的团队对各种活动（从结肠镜检查到度假再到电影）进行了评估，以了解人们对过程与结果的满意程度，从而得出了这一结论。研究结果表明，人们当下的感受并不能简单地被概括，甚至不能等同于他们对这些事情的回顾性评估。相反，人们的记忆是由事情的高潮和结束决定的。[16] 也就是说，仅仅把你在假期中每个时刻的感受累加在一起，并不能完美地预测你对假期的整体评估。你的记忆会被最极端的时刻（积极的或消极的）和最后的时刻过度渲染。这些发现的重要意义远远超出了假期的范畴。每个小时感受的总和并不能决定你现在（或将来）对生活的满意程度。峰值和终点对你如何讲述自己的人生故事产生了巨大影响。

你的生命时光

了解这一点至关重要，能帮助你重塑一个充满快乐体验与快乐回忆的人生。这些见解告诉我们如何把快乐的时光变成更快乐的人生。

回忆往事时只有特定时刻会被想起。明确这一点后，你必须确保在最快乐的时刻追求峰值体验，并尽情享受。在获得不平凡的成就的同时，不要忘记埋没在平凡中的快乐。

关注快乐体验。

尽情享受并为之庆祝。

把它们变成日常。

在日程中捍卫快乐。

在餐桌上探讨快乐。

专注快乐，不要分心。

看似微不足道的时刻却能极大地影响你对生活的满意度。

另一个关键点是结局真的很重要。因此，在生活中多创造美好的结局。随着岁月的流逝，人生的篇章也将接近尾声。

把每个快乐的时刻都当作最后一刻，数一数剩下的时间，你会发现这很可能非常接近生命的最后一刻。

记住你希望别人记住的样子。

表达谢意。

结束时不留遗憾。

认识到结局的重要性后，我想给大家提供一个新的开始。还有很多小时、很多天、很多年等着你度过。把时间花在能给你带来快乐的事情上，投资那些能帮助你实现目标的事情。不要因为没有投入时间或在这段时间里没有用心而错失良机。避免终生遗憾。专注积极的方面。

我所做的研究和本书都揭示了快乐的能动性。快乐是一种选择。每天每时每刻都是如此。有了本书提供的策略，你已经知道如何去选择了——不仅指一般选择，还包括符合你追求的个性化选择。感谢你抽出宝贵的时间，祝你拥有更快乐的人生。

◇ 鸟瞰时间能增加人生的幸福感、满足感和意义感，因为它能激励你把时间花在重要的事情上，而不仅仅是紧急的事情上。

◇ 更广泛的视角可以揭示何种体验能给你带来最多快乐，体验快乐的方式会随着年龄的增长产生变化：从不平凡到平凡，从刺激到平静。

◇ 生活中整体满意度更高的最大指标是拥有牢固且相互支持的人际关系（家人或像家人一样的朋友）。

◇ 采取行动产生的遗憾（例如，做了一些你希望自己没有做的事情）往往很严重，但很快就会得到解决，因此这种遗憾持续的时间相对短暂。

◇ 然而，没有采取行动产生的遗憾（比如，没有做一些你希望做的事情）悄然而至，挥之不去，成为人生最大的遗憾。所以，现在就行动起来，以免日后产生重大遗憾。

◇ 虽然快乐和生活的意义紧密相连，但如果你能理解并从负面体验中有所收获并积极克服，那么负面体验也能让生活更有意义。

◇ 我们最容易受到极致体验和终结时刻的影响，也最容易回忆起这些体验。精心安排时间，专注于并庆祝你最快乐的时光。

参考文献

第一章

1. Cassie Mogilner, Sepandar D. Kamvar, and Jennifer Aaker, "The Shifting Meaning of Happiness," *Social Psychological and Personality Science* 2, no. 4 (July 2011): 395–402, DOI: 10.1177/1948550610393987.

2. Silvia Bellezza, Neeru Paharia, and Anat Keinan, "Conspicuous Consumption of Time: When Busyness and Lack of Leisure Time Become a Status Symbol," *Journal of Consumer Research* 44, no. 1 (December 2016): 118–38, DOI: 10.1093/jcr/ucw076; Anat Keinan, Silvia Bellezza, and Neeru Paharia, "The Symbolic Value of Time," *Current Opinion in Psychology* 26 (April 2019): 58–61, DOI: 10.1016/j.copsyc.2018.05.001.

3. Maria Trupia, Cassie Mogilner, and Isabelle Engeler, "What's Meant vs. Heard When Communicating Busyness" (working paper, 2021).

4. ATUS 是一项由美国劳工统计局（U.S. Bureau of Labor Statistics）实施的问卷调查，数据访问入口：https://www.bls.gov/tus/#database。

5. Marissa A. Sharif, Cassie Mogilner, and Hal E. Hershfield, "Having Too Little or Too Much Time Is Linked to Lower Subjective Well-Being," *Journal of Personality and Social Psychology* 121, no. 4 (September 2021): 933–47, DOI: 10.1037/pspp0000391.

我们分析了 2012—2013 年参与美国人时间使用调查的 21736 名美国人的数据，其中的关键变量是在这几年进行管理的（年龄中位数 =47.92，男性占 44.5%，白人占 79.3%，47.7% 的人已婚，43.5% 的人有孩子，33.5% 的人拥有本科以上学历，57.8% 的人全职就业，收入中位数 = 52597.74 美元）。在回答美国人时间使用调查的问题时，被调查者提供了他们之前 24 小时内所做活动的详细说明，以及每项活动的时间段和持续时间。我们通过计算人们每天花在可自由支配活动上的时间来评估可自由支配时间。

6. 我们抽样调查了 500 名美国人，要求他们说出在他们眼中哪些活动是可自由支配的。我们向参与者提供了一份包含 139 项活动的清单，并引导他们指出花在每项活动上的时间是否可自由支配："花在休闲活动或其他追求上的时间，主要是用来娱乐放松或实现其他具有内在价值的目的。"我们统计了绝大多数人（超过 90%）认为可以自由支配的活动。当我们使用更宽松的阈值时，得到的结果也是一样的，超过 75% 的人认为这些活动是可支配的。

至少 90% 的抽样人群认为可自由支配的活动类别是放松和休闲（如无所事事、看电视、听广播、玩游戏）；与他人社交和沟通（如与家人、朋友一起出去玩）；体育以外的艺术和娱乐活动（如参加喜剧俱乐部、参观美术馆、看电影）；出于社交、放松和休闲的旅行；个人活动（如性生活）；参加体育 / 娱乐活动（如观看体育比赛）；与自家和别人家的孩子一起运动（如与孩子一起骑自行车、一起散步）；参加体育运动、锻炼或娱乐活动（如骑自行车、打篮球、钓鱼、跑步、打高尔夫球、做瑜伽、健身）。为了评估为人父母的快乐（或不快乐），许多研究都将与孩子在一起的时间归类为"照看孩子"，但我们的研究结果更准确地强调了与孩子在一起的时间是否被认为是有趣和充实的，这取决于时间的具体使用方式。虽然和孩子一起运动被认为是可自由支配的，但"照顾"他们却不是。给孩子穿衣服或哄孩子睡觉几乎被视作一件苦差事，就像在车管所排队一样！

7. Daniel S. Hamermesh and Jungmin Lee, "Stressed Out on Four Continents: Time Crunch or Yuppie Kvetch?" *Review of Economics and Statistics* 89, no. 2 (May 2007): 374–83, DOI: 10.1162/rest.89.2.374.

8. Frank Newport, ed., *The Gallup Poll: Public Opinion 2015* (Lanham, MD: Rowman & Littlefield, 2017).

9. John P. Robinson, "Americans Less Rushed but No Happier: 1965–2010 Trends in Subjective Time and Happiness," *Social Indicators Research* 113, no. 3 (September 2013): 1091–104, DOI: 10.1007/s11205-012-0133-6.

10. Hielke Buddelmeyer, Daniel S. Hamermesh, and Mark Wooden, "The Stress Cost of Children on Moms and Dads," *European Economic Review* 109 (October 2018): 148–61, DOI: 10.1016/j.euroecorev.2016.12.012; Daniel S. Hamermesh, "Time Use—Economic Approaches," *Current Opinion in Psychology* 26 (April 2019): 1–4, DOI: 10.1016/j.copsyc.2018.03.010; Melanie Rudd, "Feeling Short on Time: Trends, Consequences, and Possible Remedies," *Current Opinion in Psychology* 26 (April 2019): 5–10, DOI: 10.1016/j.copsyc.2018.04.007.

11. Hamermesh, "Time Use," 1–4; Hamermesh and Lee, "Stressed Out on Four

Continents," 374–83; Grant Bailey, "Millions of Brits Feel Overwhelmed by Life Pressures, Study Finds," *Independent*, January 19, 2018, Indy/Life, https://www.independent.co.uk/life-style/stress-work-pressures-busy-social-calenders-financial-worries-survey-a8167446.html; Lilian Ribeiro and Emerson Marinho, "Time Poverty in Brazil: Measurement and Analysis of its Determinants," *Estudos Econômicos* 42, no. 2 (June 2012): 285–306, DOI: 10.1590/S0101-41612012000200003; Elena Bardasi and Quentin Wodon, "Working Long Hours and Having No Choice: Time Poverty in Guinea," *Feminist Economics* 16, no. 3 (September 2010): 45–78, DOI: 10.1080/13545701.2010.508574; Liangshu Qi and Xiao-yuan Dong, "Gender, Low-Paid Status, and Time Poverty in Urban China," *Feminist Economics* 24, no. 2 (December 2017): 171–93, DOI: 10.1080/13545701.2017.1404621.

12. Trupia, Mogilner, and Engeler, "What's Meant vs. Heard"; Tim Kasser and Kennon M. Sheldon, "Time Affluence as a Path toward Personal Happiness and Ethical Business Practice: Empirical Evidence from Four Studies," *Journal of Business Ethics* 84, no. 2 (January 2009): 243–55, DOI: 10.1007/s10551-008-9696-1; Susan Roxburgh, "'There Just Aren't Enough Hours in the Day': The Mental Health Consequences of Time Pressure," *Journal of Health and Social Behavior* 45, no. 2 (June 2004): 115–31, DOI: 10.1177/002214650404500201; Katja Teuchmann, Peter Totterdell, and Sharon K. Parker, "Rushed, Unhappy, and Drained: An Experience Sampling Study of Relations between Time Pressure, Perceived Control, Mood, and Emotional Exhaustion in a Group of Accountants," *Journal of Occupational Health Psychology* 4, no. 1 (January 1999): 37–54, DOI: 10.1037/1076-8998.4.1.37.

13. 额外的分析表明，我们观察到的因时间太多而导致的快乐度降低的现象，取决于时间是否花在了值得做的事情上。特别是，我们的研究结果表明，如果人们把自由支配的时间用于培养社会联系（如与朋友或家人一起出去玩）或有效地使用它（如爱好、锻炼），他们不会因为时间太多而感到不快乐。

14. 在这项研究中，我们随机选取了一些人，让他们内心模拟有段时间每天都拥有很少（15 分钟）、适量（3.5 小时）或大量（7.5 小时）的可自由支配时间。然后，我们要求参与者描述他们在这种情况下的快乐程度和效率。研究结果印证了我们之前观察到的倒 U 形模式，表明拥有很少或大量的时间比拥有适量的时间产生的快乐要少。这项研究进一步表明，人们因为时间太多而不快乐的原因是缺乏完成事情的成就感。

15. Christopher K. Hsee, Adelle X. Yang, and Liao-yuan Wang, "Idleness Aversion and the Need for Justifiable Busyness," *Psychological Science* 21, no. 7 (July 2010): 926-30, DOI: 10.1177/0956797610374738; Adelle X. Yang and Christopher K. Hsee, "Idleness versus Busyness," *Current Opinion in Psychology* 26 (April 2019): 15–18, DOI: 10.1016/j.copsyc.2018.04.015.

16. Anat Keinan and Ran Kivetz, "Productivity Orientation and the Consumption of Collectable Experiences," *Journal of Consumer Research* 37, no. 6 (April 2011): 935–50, DOI: 10.1086/657163.

17. Mihaly Csikszentmihalyi, "The Costs and Benefits of Consuming," *Journal of Consumer Research* 27, no. 2 (September 2000): 267–72, DOI: 10.1086/314324.

18. 这可能解释了花时间做志愿者的退休人员比不做志愿者的人更快乐的研究结果。Nancy Morrow-Howell, "Volunteering in Later Life: Research Frontiers," *Journals of Gerontology: Series B* 65, no. 4 (July 2010): 461–69, DOI: 10.1093/geronb/gbq024.

19. Indira Hirway, *Mainstreaming Unpaid Work: Time-Use Data in Developing Policies* (New Delhi: Oxford University Press, 2017); Eve Rodsky, Fair Play (New York: G. P. Putnam's Sons, 2019); Christine Alksnis, Serge Desmarais, and James Curtis, "Workforce Segregation and the Gender Wage Gap: Is 'Women's' Work Valued as Highly as 'Men's'?" *Journal of Applied Social Psychology* 38, no. 6 (May 2008): 1416–41, DOI: 10.1111/j.15591816.2008.00354.x.

20. 此外，我们还抽样调查了 500 名美国人，要求他们指出，我们另一项研究中的哪些可自由支配活动是富有成效的——在哪些活动中，人们感觉到时间是有用的、有成就感的、充实的、有益的、有目标的、有价值的。超过 90% 的人认为以下这些活动是富有成效的可自由支配活动：爱好、健身（包括跑步、有氧运动和举重）以及单独或与孩子一起运动（包括曲棍球、足球、棒球、网球 / 壁球、保龄球、排球、橄榄球、骑马、武术、骑自行车、滑旱冰、摔跤、击剑和高尔夫球）。

21. Hal Hershfield, Cassie Mogilner, and Uri Barnea, "People Who Choose Time

over Money Are Happier,"　Social Psychological and Personality Science 7, no. 7 (September 2016): 697–706, DOI: 10.1177/1948550616649239. 在这项研究中，我们问了数千名成年人这样一个问题："你想要更多的时间还是金钱?" 参与者的年龄从 18 岁到 82 岁不等，他们的收入水平和职业也各不相同，涵盖单身和已婚、已育和未育。在近 5000 名受访者中，大多数人（64%）选择了金钱。对金钱的看重并不只是体现在我们的实验样本中。它同样出现在谷歌搜索和我的学生表达的愿望中。我们又问了关于快乐的问题，结果令人吃惊：不管参与者赚了多少钱，或者他们每周工作多少小时，那些选择时间而不是金钱的人明显更快乐。更具体地说，那些更看重时间而不是金钱的人在日常生活中感到更快乐，对他们的生活总体上更满意。那些选择想要更多时间的人不单单是为了拥有更多时间，而是想把时间花在能给他们带来快乐的活动和人身上。

22. Cassie Mogilner, "The Pursuit of Happiness: Time, Money, and Social Connection," *Psychological Science* 21, no. 9 (August 2010): 1348–54, DOI: 10.1177/0956797610380696; Cassie Mogilner and Jennifer Aaker, "The‘Time vs. Money Effect’: Shifting Product Attitudes and Decisions through Personal Connection," *Journal of Consumer Research* 36, no. 2 (August 2009): 277–91, DOI: 10.1086/597161; Francesca Gino and Cassie Mogilner, "Time, Money, and Morality," *Psychological Science* 25, no. 2 (February 2014): 414–21, DOI: 10.1177/0956797613506438; Cassie Mogilner, "It's Time for Happiness," *Current Opinion in Psychology* 26 (April 2019): 80–84, DOI: 10.1016/j.copsyc.2018.07.002.

23. Ed Diener et al., "National Differences in Reported Well-Being: Why Do They Occur?" *Social Indicators Research* 34 (January 1995), 7–32, DOI: 10.1111/j.0963-7214.2004.00501001.x.

24. Blaise Pascal, *Pascal's Pensées* (New York: E. P. Dutton, 1958), 113.

25. Ed Diener et al., "Findings All Psychologists Should Know from the New Science on Subjective Well-Being," *Canadian Psychology* 58, no. 2 (May 2017): 87–104, DOI: 10.1037/cap0000063.

26. Sonja Lyubomirsky, Laura King, and Ed Diener, "The Benefits of Frequent Positive Affect: Does Happiness Lead to Success?" *Psychological Bulletin* 131, no. 6 (November 2005): 803–55, DOI: 10.1037/0033-2909.131.6.803.

27. Cassie Mogilner, "Staying Happy in Unhappy Times," *UCLA Anderson Blog*, March 24, 2020, https://www.anderson.ucla.edu/news-and-events/staying-happy-in-unhappy-times.

28.《心理学与美好生活》是耶鲁大学有史以来最受欢迎的本科生课程。

29. 比尔·博内特和戴夫·伊万斯在斯坦福大学设计学院教授这门课程，并著有《人生设计课》（中信出版社，2022）一书（New York: Alfred A. Knopf, 2017）。

30. 每次开课时，我都会让学生在课前评估他们的幸福感，并在结课前再次评估。我观察到所有上过我的课的学生的幸福感、意义感和人际关系感都有了显著提高。

第二章

1. Ullrich Wagner et al., "Sleep Inspires Insight," *Nature* 427, no. 6972 (January 2004): 352–55, DOI: 10.1038/nature02223.

2. Brené Brown, *The Power of Vulnerability: Teachings of Authenticity, Connection, and Courage*, read by the author (Louisville, CO: Sounds True, 2012), Audible audio ed., 6 hr., 30 min.

3. Sendhil Mullainathan and Eldar Shafir, *Scarcity: Why Having Too Little Means So Much* (New York: Times Books, 2013).

4. Marissa A. Sharif, Cassie Mogilner, and Hal E. Hershfield, "Having Too Little or Too Much Time Is Linked to Lower Subjective Well-Being," *Journal of Personality and Social Psychology* 121, no. 4 (September 2021): 933-47, DOI: 10.1037/pspp0000391.

5. Patrick Callaghan, "Exercise: A Neglected Intervention in Mental Health Care?" *Journal of Psychiatric and Mental Health Nursing* 11, no. 4 (August 2004): 476–83, DOI: 10.1111/j.1365-2850.2004.00751.x; Michael Babyak et al., "Exercise Treatment for Major Depression: Maintenance of Therapeutic Benefit at Ten Months," Psychosomatic Medicine 62, no. 5 (2000): 633–38, DOI: 10.1097/00006842-200009000-00006; Justy Reed and Deniz S. Ones, "The Effect of Acute Aerobic Exercise on Positive Activated Affect: A Meta - Analysis," *Psychology of Sport and*

Exercise 7, no. 5 (September 2006): 477–514, DOI: 10.1016/j.psychsport.2005.11.003; Lyndall Strazdins et al., "Time Scarcity: Another Health Inequality?" *Environment and Planning A: Economy and Space* 43, no. 3 (March 2011): 545-59, DOI: 10.1068/a4360.

6. Cathy Banwell et al., "Reflections on Expert Consensus: A Case Study of the Social Trends Contributing to Obesity," *European Journal of Public Health* 15, no. 6 (September 2005): 564-68, DOI: 10.1093/eurpub/cki034.

7. Lijing L. Yan et al., "Psychosocial Factors and Risk of Hypertension: The Coronary Artery Risk Development in Young Adults (CARDIA) Study," *JAMA* 290, no. 16 (October 2003): 2138–48, DOI: 10.1001/jama.290.16.2138.

8. Strazdins et al., "Time Scarcity," 545–59.

9. John M. Darley and C. Daniel Batson, "From Jerusalem to Jericho: A Study of Situational and Dispositional Variables in Helping Behavior," *Journal of Personality and Social Psychology* 27, no. 1 (July 1973): 100–108, DOI: 10.1037/H0034449.

10. 约 55% 的人同意在忙碌的情况下提供帮助，而在空闲的情况下，这一比例为 83%。Zoë Chance, Cassie Mogilner, and Michael I. Norton, "Giving Time Gives You More Time," *Advances in Consumer Research* 39 (2011): 263-64.

11. Tom Gilovich, Margaret Kerr, and Victoria Medvec, "Effect of Temporal Perspective on Subjective Confidence," *Journal of Personality and Social Psychology* 64, no. 4 (1993): 552–60, DOI: 10.1037/0022-3514.64.4.552.

12. E. Tory Higgins, "Beyond Pleasure and Pain," *American Psychologist* 52, no. 12 (December 1997): 1280–300, DOI: 10.1037/0003-066X.52.12.1280; Joel Brockner and E. Tory Higgins, "Regulatory Focus Theory: Implications for the Study of Emotions at Work," *Organizational Behavior and Human Decision Processes* 86, no. 1 (September 2001): 35–66, DOI: 10.1006/obhd.2001.2972.

13. Cassie Mogilner, Jennifer Aaker, and Ginger Pennington, "Time Will Tell: The Distant Appeal of Promotion and Imminent Appeal of Prevention," *Journal of Consumer Research* 34, no. 5 (February 2008): 670–81, DOI: 10.1086/521901; Ginger Pennington and Neal Roese, "Regulatory Focus and Temporal Distance," *Journal of Experimental Social Psychology* 39 (March 2003): 563–76, DOI: 10.1016/S0022-1031(03)00058-1.

14. Aaron M. Sackett et al., "You' re Having Fun When Time Flies: The Hedonic Consequences of Subjective Time Progression," *Psychological Science* 21, no. 1 (January 2010): 111–17, DOI: 10.1177/0956797609354832.

15. Erin Vogel et al., "Social Comparison, Social Media, and Self-Esteem," *Psychology of Popular Media Culture* 3, no. 4 (October 2014): 206–22, DOI: 10.1037/ppm0000047; Jenna L. Clark, Sara B. Algoe, and Melanie C. Green, "Social Network Sites and Well-Being: The Role of Social Connection," *Current Directions in Psychological Science* 27, no. 1 (February 2018): 32-37, DOI: 10.1177/0963721417730833; Hunt Allcott et al., "The Welfare Effects of Social Media," *American Economic Review* 110, no. 3 (March 2020): 629-76, DOI: 10.1257/aer.20190658.

16. Hielke Buddelmeyer, Daniel S. Hamermesh, and Mark Wooden, "The Stress Cost of Children on Moms and Dads," *European Economic Review* 109 (October 2018): 148–61, DOI: 10.1016/j.euroecorev.2016.12.012.

17. Albert Bandura, "Self-Efficacy: Toward a Unifying Theory of Behavioral Change," *Psychological Review* 84, no. 2 (March 1977): 191, DOI: 10.1037/0033-295X.84.2.191.

18. Cassie Mogilner, Zoë Chance, and Michael I. Norton, "Giving Time Gives You Time," *Psychological Science* 23, no. 10 (October 2012): 1233–38, DOI: 10.1177/0956797612442551.

19. Callaghan, "Exercise," 476-83.

20. Sonja Lyubomirsky and Kristin Layous, "How Do Simple Positive Activities Increase Well-Being?" *Current Directions in Psychological Science* 22, no. 1 (2013): 57–62, DOI: 10.1177/0963721412469809.

21. Mogilner, Chance, and Norton, "Giving Time Gives You Time," 1233–38.

22. Richard Schulz, Paul Visintainer, and Gail M. Williamson, "Psychiatric and Physical Morbidity Effects of Caregiving," *Journal of Gerontology* 45, no. 5 (September 1990): 181–91, DOI: 10.1093/geronj/45.5.P181; Richard Schulz, Connie A. Tompkins, and Marie T. Rau, "A Longitudinal Study of the Psychosocial Impact of Stroke on Primary Support Persons," *Psychology and Aging* 3, no. 2 (June 1988): 131, DOI:

10.1037/0882-7974.3.2.131; Richard Schulz and Gail M. Williamson, "A Two-Year Longitudinal Study of Depression among Alzheimer's Caregivers," *Psychology and Aging* 6, no. 4 (1991): 569–78, DOI: 10.1037/0882-7974.6.4.569.

23. Melanie Rudd, Kathleen Vohs, and Jennifer Aaker, "Awe Expands People's Perception of Time, Alters Decision Making, and Enhances Well-Being," *Psychological Science* 23, no. 10 (2012): 1130–36, DOI: 10.1177/0956797612438731.

24. Dacher Keltner and Jonathan Haidt, "Approaching Awe, a Moral, Spiritual, and Aesthetic Emotion," *Cognition & Emotion* 17, no. 2 (March 2003): 297–314, DOI: 10.1080/02699930302297.

25. George MacKerron and Susana Mourato, "Happiness Is Greater in Natural Environments," *Global Environmental Change* 23, no. 5 (October 2013): 992–1000, DOI: 10.1016/j.gloenvcha.2013.03.010.

第三章

1. Sonja Lyubomirsky, *The How of Happiness: A Scientific Approach to Getting the Life You Want* (New York: Penguin Press, 2007).

2. 对双胞胎的研究表明，天生的个性会影响一个人的快乐程度，这些研究比较了同卵双胞胎（基因组成相似度 100%）和异卵双胞胎（基因组成相似度 50%）。研究结果表明，同卵双胞胎（而非异卵双胞胎）中一方的快乐程度极大地预示着另一方的快乐程度——即使这对双胞胎是分开长大的。David Lykken and Auke Tellegen, "Happiness Is a Stochastic Phenomenon," *Psychological Science* 7, no. 3 (May 1996): 186–89, DOI: 10.1111/j.1467-9280.1996.tb00355.x; Auke Tellegen et al., "Personality Similarity in Twins Reared Apart and Together," *Journal of Personality and Social Psychology* 54, no. 6 (June 1988): 1031, DOI: 10.1037/0022-3514.54.6.1031.

3. Lara B. Aknin, Michael I. Norton, and Elizabeth W. Dunn, "From Wealth to Well-Being? Money Matters, but Less than People Think," *Journal of Positive Psychology* 4, no. 6 (November 2009): 523–27, DOI: 10.1080/17439760903271421; Daniel Kahneman and Angus Deaton, "High Income Improves Evaluation of Life but

Not Emotional Well-Being," *Proceedings of the National Academy of Sciences of the United States of America* 107, no. 38 (September 2010): 16489–93, DOI: 10.1073/pnas.1011492107; Ed Diener, Brian Wolsic, and Frank Fujita, "Physical Attractiveness and Subjective Well-Being," *Journal of Personality and Social Psychology* 69, no. 1 (1995): 120–29, DOI: 10.1037/0022-3514.69.1.120; Richard E. Lucas et al., "Reexamining Adaptation and the Set Point Model of Happiness: Reactions to Changes in Marital Status," *Journal of Personality and Social Psychology* 84, no. 3 (March 2003): 527–39, DOI: 10.1037/0022-3514.84.3.527; Maike Luhmann et al., "Subjective Well-Being and Adaptation to Life Events: A Meta-Analysis on Differences between Cognitive and Affective Well-Being," *Journal of Personality and Social Psychology* 102, no. 3 (March 2012): 592-615, DOI: 10.1037/a0025948; S. K. Nelson-Coffey, "Married . . . with Children: The Science of Well-Being in Marriage and Family Life," in *Handbook of Well-Being*, eds. E. Diener, S. Oishi, and L. Tay (Salt Lake City: DEF Publishers, 2018), https://www.nobascholar.com/chapters/26.

4. Daniel Gilbert, *Stumbling on Happiness* (New York: Vintage Books, 2007); Daniel T. Gilbert et al., "Immune Neglect: A Source of Durability Bias in Affective Forecasting," *Journal of Personality and Social Psychology* 75, no. 3 (1998): 617-38, DOI: 10.1037/0022-3514.75.3.617.

5. Lyubomirsky, *The How of Happiness*.

6. 我的研究表明，快乐有两种表现形式：兴奋和平静。Cassie Mogilner, Jennifer Aaker, and Sepandar D. Kamvar, "How Happiness Affects Choice," *Journal of Consumer Research* 39, no. 2 (August 2012): 429–43, DOI: 10.1086/663774; Cassie Mogilner, Sepandar D. Kamvar, and Jennifer Aaker, "The Shifting Meaning of Happiness," *Social Psychological and Personality Science* 2, no. 4 (July 2011): 395–402, DOI: 10.1177/1948550610393987.

7. 积极心理学之父马丁·塞利格曼解释说，真正的快乐由积极的情绪、投入、良好的人际关系、意义和成就感组成。Martin Seligman, *Authentic Happiness: Using the New Positive Psychology to Realize Your Potential for Lasting Fulfillment* (New York: Atria Books, 2002); Martin Seligman, *Flourish: A Visionary New Understanding of Happiness and Well-Being* (New York: Simon & Schuster, 2011).

8. Daniel Kahneman et al., "A Survey Method for Characterizing Daily Life Experience: The Day Reconstruction Method," *Science* 306, no. 5702 (December 2004): 1776–80, DOI: 10.1126/science.1103572.

9. Richard E. Lucas et al., "A Direct Comparison of the Day Reconstruction Method (DRM) and the Experience Sampling Method (ESM)," *Journal of Personality and Social Psychology* 120, no. 3 (March 2021): 816–35, DOI: 10.1177/23780231211064009.

10. George Loewenstein, "Because It Is There: The Challenge of Mountaineering... for Utility Theory," KYKLOS 52, no. 3 (August 1999): 315–44, DOI: 10.1111/j.1467–6435.1999.tb00221.x.

11. 自我决定理论认为，幸福需要满足三个基本的心理需求：自主性、关联性和能力。想要有所收获和有所成就的动力会让你感觉到有能力。Kennon M. Sheldon, Robert Cummins, and Shanmukh Kamble, "Life Balance and Well-Being: Testing a Novel Conceptual and Measurement Approach," *Journal of Personality* 78, no. 4 (August 2010): 1093–134, DOI: 10.1111/j.1467-6494.2010.00644.x; Kennon M. Sheldon and Christopher P. Niemiec, "It's Not Just the Amount that Counts: Balanced Need Satisfaction Also Affects Well-Being," *Journal of Personality and Social Psychology* 91, no. 2 (August 2006): 331–41, DOI: 10.1037/0022-3514.91.2.331.

12. 我的团队分析了来自全球数以万计参与者的快乐和意义数据，结果表明，快乐和意义高度相关。Rhia Catapano et al., "Financial Resources Impact the Relationship between Meaning and Happiness," *Emotion* 22 (forthcoming).

还有另一项研究试图理清意义和快乐之间的关系。虽然有些经历产生意义而不是快乐，有些经历产生快乐而不产生意义，但大多数产生快乐的经历也是有意义的。Roy F. Baumeister et al., "Some Key Differences between a Happy Life and a Meaningful Life," *Journal of Positive Psychology* 8, no. 6 (August 2013): 505–16, DOI: 10.1080/17439760.2013.830764; Ryan Dwyer, Elizabeth Dunn, and Hal Hershfield, "Cousins or Conjoined Twins: How Different Are Meaning and Happiness in Everyday Life?" *Comprehensive Results in Social Psychology* 2, no. 2–3 (October 2017): 199–215, DOI: 10.1080/23743603.2017.1376580; Laura A. King, Samantha J. Heintzelman, and Sarah J. Ward, "Beyond the Search for Meaning: A Contemporary

Science of the Experience of Meaning in Life," *Current Directions in Psychological Science* 25, no. 4 (August 2016): 211–16, DOI: 10.1177/0963721416656354.

13. "亨受感"是由积极情绪（快乐、放松）减去消极情绪（焦虑、悲伤、沮丧、不耐烦）。而"意义感"主要取决于以下六种要素：专注感、参与感、能力，以及是否认同"这一活动有价值、有意义""对他人有帮助""能帮助我发现更高的目标"。Mathew P. White and Paul Dolan, "Accounting for the Richness of Daily Activities," *Psychological Science* 20, no. 8 (August 2009): 1000-1008, DOI: 10.1111/j.1467-9280.2009.02392.x.

14. Erin Vogel et al., "Social Comparison, Social Media, and Self-Esteem," *Psychology of Popular Media Culture* 3, no. 4 (October 2014): 206–22, DOI: 10.1037/ppm0000047; Jenna L. Clark, Sara B. Algoe, and Melanie C. Green, "Social Network Sites and Well-Being: The Role of Social Connection," *Current Directions in Psychological Science* 27, no. 1 (February 2018): 32–37, DOI: 10.1177/0963721417730833; Hunt Allcott et al., "The Welfare Effects of Social Media," *American Economic Review* 110, no. 3 (March 2020): 629–76, DOI: 10.1257/aer.20190658.

15. Lucas et al., "Direct Comparison," 816–35.

16. Ed Diener and Martin E. P. Seligman, "Very Happy People," *Psychological Science* 13, no. 1 (January 2002): 81–84, DOI: 10.1111/1467-9280.00415.

17. Abraham H. Maslow, "A Theory of Human Motivation," Psychological Review 50, no. 4 (1943): 370–96, DOI: 10.1037/h0054346. 亚伯拉罕·马斯洛是一名治疗师，根据他多年来与人们打交道的经验，他以人们为了感到快乐和充实而必须满足的需求为基础，提出了驱动力理论。金字塔形展示了他提出的需求层次结构：生理需求（食物、水、温暖、休息）——安全需求（安全）——归属感和爱的需求（亲密关系、朋友）——自尊需求（声望、成就感）——自我实现（实现一个人的全部潜力和目标）。他认为，在进入更高层次的追求之前，必须先满足较低层次的需求。这一有关幸福的基础理论是非常有帮助的，因为它将快乐的各种投入进行了优先排序。它表明，一旦基本的生理需求得到满足（食物、水、健康——通过睡眠获得——还有住所），人际关系/归属感就是最基本的需求。只有当我们有了强烈的社会联系（爱和被爱）后，我们才会更加努力地去实现个人成就，进而追求自我实现。请注意，这种爱不一定是爱情。友谊和家庭也可以满足这种需求。

18. David G. Myers, "The Funds, Friends, and Faith of Happy People," *American Psychologist* 55, no. 1 (January 2000): 56, DOI: 10.1037/0003-066X.55.1.56; Julianne Holt-Lunstad, Timothy B. Smith, and J. Bradley Layton, "Social Relationships and Mortality Risk: A Meta-Analytic Review," *PLoS Medicine* 7, no. 7 (July 2010): DOI: 10.1371/journal. pmed.1000316; James S. House, Karl R. Landis, and Debra Umberson, "Social Relationships and Health," *Science* 24, no. 4865 (July 1988): 540–45, DOI: 10.1126/science.3399889; Gregor Gonza and Anže Burger, "Subjective Well-Being during the 2008 Economic Crisis: Identification of Mediating and Moderating Factors," *Journal of Happiness Studies* 18, no. 6 (December 2017): 1763–97, DOI: 10.1007/s10902-016-9797-y.

19. Matthew Lieberman, *Social: Why Our Brains Are Wired to Connect* (New York: Crown, 2013).

20. B. Bradford Brown, "A Life-Span Approach to Friendship: Age-Related Dimensions of an Ageless Relationship," *Research in the Interweave of Social Roles* 2 (1981): 23–50, DOI: 10.15288/jsad.2012.73.99; Vasudha Gupta and Charles Korte, "The Effects of a Confidant and a Peer Group on the Well-Being of Single Elders," *International Journal of Aging and Human Development* 39, no. 4 (December 1994): 293–302, DOI: 10.2190/4YYH-9XAU-WQF9-APVT; Reed Larson, "Thirty Years of Research on the Subjective Well-Being of Older Americans," *Journals of Gerontology* 33, no. 1 (January 1978): 109–25, DOI: 10.1093/geronj/33.1.109; Catherine L. Bagwell, Andrew F. Newcomb, and William M. Bukowski, "Preadolescent Friendship and Peer Rejection as Predictors of Adult Adjustment," *Child Development* 69, no. 1 (February 1998): 140–53, DOI: 10.1111/j.1467-8624.1998.tb06139.x.

21. Kahneman et al., "Survey Method," 1776–80.

22. Constantine Sedikides et al., "The Relationship Closeness Induction Task," *Representative Research in Social Psychology* 23 (January 1999): 1–4.

23. George MacKerron and Susana Mourato, "Happiness Is Greater in Natural Environments," *Global Environmental Change* 23, no. 5 (October 2013): 992–1000,

DOI: 10.1016/j.gloenvcha.2013.03.010.

24. 自我决定理论（SDT）是爱德华·德西和理查德·瑞安提出的关于人的动机和人格的宏观理论，关注人的内在成长倾向和内在心理需求。作为该理论的一部分，他们提出了促进幸福和健康必须满足的三个基本心理需求，这些需求是普遍的（即适用于不同个体和各种情况）：

* 自主性：一种整体心理自由和内在意志自由的感觉。当一个人受到自主性的激励时，他们的表现、健康和参与度都会提高，而不是等着别人来告知自己需要做什么（即控制动机）。

* 能力：一种控制结果和成败体验的能力。人们喜欢在活动中得到积极的反馈。

* 关联性：归属感，感觉与他人有联系并关心他人。

Richard M. Ryan and Edward L. Deci, "SelfDetermination Theory and the Facilitation of Intrinsic Motivation, Social Development, and Well-Being," *American Psychologist* 55, no. 1 (January 2000): 68–78, DOI: 10.1037/0003-066X.55.1.68; Maarten Vansteenkiste, Richard M. Ryan, and Bart Soenens, "Basic Psychological Need Theory: Advancements, Critical Themes, and Future Directions," *Motivation and Emotion 44*, no. 1 (January 2020): 1–31, DOI: 10.1007/s11031-019-09818-1; Kennon M. Sheldon, "Integrating Behavioral-Motive and Experiential-Requirement Perspectives on Psychological Needs: A Two Process Model," *Psychological Review* 118, no. 4 (October 2011): 552–69, DOI: 10.1037/a0024758.

25. 我的一个学生根据他的时间跟踪数据列出了他最不开心的活动，他写道："我最不开心的活动是：必须独自完成无聊的文书工作、预习课程（不是这门课），独自奔波。一个人完成所有的事情。"

26. John T. Cacioppo and William Patrick, *Loneliness: Human Nature and the Need for Social Connection* (New York: W. W. Norton, 2008).

27. Nicholas Epley and Juliana Schroeder, "Mistakenly Seeking Solitude," *Journal of Experimental Psychology* 143, no. 5 (October 2014): 1980–99, DOI: 10.1037/a0037323.

28. Kahneman et al., "Survey Method," 1776–80.

29. France Leclerc, Bernd H. Schmitt, and Laurette Dube, "Waiting Time and Decision Making: Is Time Like Money?" *Journal of Consumer Research* 22, no. 1 (June

1995): 110–19, DOI: 10.1086/209439.

30. Justy Reed and Deniz S. Ones, "The Effect of Acute Aerobic Exercise on Positive Activated Affect: A Meta-Analysis," *Psychology of Sport and Exercise* 7, no. 5 (September 2006): 477–514, DOI: 10.1016/j.psychsport.2005.11.003; Patrick Callaghan, "Exercise: A Neglected Intervention in Mental Health Care?" *Journal of Psychiatric and Mental Health Nursing* 11, no. 4 (July 2004): 476–83, DOI: 10.1111/ j.1365-2850.2004.00751.x.

31. Michael Babyak et al., "Exercise Treatment for Major Depression: Maintenance of Therapeutic Benefit at Ten Months," *Psychosomatic Medicine* 62, no. 5 (September 2000): 633–38, DOI: 10.1097/00006842-200009000-00006. 这些研究人员观察了运动对治疗抑郁症的影响。他们让患有重度抑郁症的参与者接受三种治疗方案中的一种（运动：每周 3 次，每次 30 分钟；药物：抗抑郁药左洛复；运动 + 药物），治疗周期 4 个月，然后在 6 个月后评估他们的抑郁程度。

4 个月后，三组患者中有明显改善的患者（有所缓解的患者——那些不再符合重度抑郁症诊断标准的患者）人数差不多一样。然而，10 个月后，运动组的受试者复发率明显低于药物组。运动组参与者的抑郁率（30%）比药物组（52%）和联合组（55%）更低。

研究人员指出，"系统锻炼的积极心理作用之一是培养个人掌控感和良好的自尊感，我们认为这可能是运动能缓解抑郁的原因之一。可以想象，运动和药物二者结合的治疗方式可能会破坏这种积极作用，因为它优先认为较低的自我确认感有助于改善病情。这种方式让患者相信'我吃了抗抑郁药，所以我的病情好转了'，而不是给患者灌输这样一种信念：'我专注且努力地投入运动；打败抑郁症并不容易，但我还是做到了。'"。

32. Charles Hillman, Kirk I. Erickson, and Arthur F. Kramer, "Be Smart, Exercise Your Heart: Exercise Effects on Brain and Cognition," *Nature Reviews Neuroscience* 9, no. 1 (January 2008): 58–65, DOI: 10.1038/nrn2298.

33. David F. Dinges et al., "Cumulative Sleepiness, Mood Disturbance, and Psychomotor Vigilance Performance Decrements during a Week of Sleep Restricted to 4–5 Hours per Night," *Sleep: Journal of Sleep Research & Sleep Medicine* 20, no. 4 (April 1997): 267–77, DOI: 10.1093/sleep/20.4.267.

34. Matthew P. Walker et al., "Practice with Sleep Makes Perfect: Sleep-Dependent Motor Skill Learning," *Neuron* 35, no. 1 (July 2002): 205–11, DOI: 10.1016/S0896/-6273(02)00746-8; Ullrich Wagner et al., "Sleep Inspires Insight," *Nature* 427, no. 6972 (January 2004): 352–55, DOI: 10.1038/nature02223.

35. Cassie Mogilner, "The Pursuit of Happiness: Time, Money, and Social Connection," *Psychological Science* 21, no. 9 (August 2010): 1348–54, DOI: 10.1177/0956797610380696.

第四章

1. Ashley Whillans et al., "Buying Time Promotes Happiness," *Proceedings of the National Academy of Sciences of the United States of America* 114, no. 32 (August 2017): 8523–27, DOI: 10.1073/pnas.1706541114.

2. Leaf Van Boven and Thomas Gilovich, "To Do or to Have? That Is the Question," *Journal of Personality and Social Psychology* 85, no. 6 (January 2004): 1193–202, DOI: 10.1037/0022-3514.85.6.1193; Thomas Gilovich, Amit Kumar, and Lily Jampol, "A Wonderful Life: Experiential Consumption and the Pursuit of Happiness," *Journal of Consumer Psychology* 25, no. 1 (September 2014): 152–65, DOI: 10.1016/j.jcps.2014.08.004.

3. Marissa A. Sharif, Cassie Mogilner, and Hal Hershfield, "Having Too Little or Too Much Time Is Linked to Lower Subjective Well-Being," *Journal of Personality and Social Psychology* 121, no. 4 (September 2021): 933–47, DOI: 10.1037/pspp0000391.

4. Elizabeth Dunn et al., "Prosocial Spending and Buying Time: Money as a Tool for Increasing Subjective Well-Being," *Advances in Experimental Social Psychology* 61 (2020): 67–126, DOI: 10.1016/bs.aesp.2019.09.001.

5. Ashley V. Whillans, Elizabeth W. Dunn, and Michael I. Norton, "Overcoming Barriers to Time-Saving: Reminders of Future Busyness Encourage Consumers to Buy Time," *Social Influence* 13, no. 2 (March 2018): 117–24, DOI: 10.1080/15534510.2018.1453866.

6. Katherine Milkman, Julia Minson, and Kevin Volpp, "Holding the Hunger

Games Hostage at the Gym: An Evaluation of Temptation Bundling," *Management Science* 60, no. 2 (February 2014): 283–99, DOI: 10.1287/mnsc.2013.1784.

7. Daniel Kahneman et al., "A Survey Method for Characterizing Daily Life Experience: The Day Reconstruction Method," *Science* 306, no. 5702 (December 2004): 1776–80, DOI: 10.1126/science.1103572.

8. Gallup, "State of the American Workplace," 2017, https://www.gallup.com/workplace/238085/state-american-workplace-report-2017.aspx.

9. Kahneman et al., "Survey Method," 1776–80; Gallup, "State of the American Workplace."

10. Karyn Loscocco and Annie R. Roschelle, "Influences on the Quality of Work and Nonwork Life: Two Decades in Review," *Journal of Vocational Behavior* 39, no. 2 (October 1991): 182–225, DOI: 10.1016/0001-8791(91)90009-B; Amy Wrzesniewski et al., "Jobs, Careers, and Callings: People's Relations to Their Work," *Journal of Research in Personality* 31, no. 1 (March 1997): 21–33, DOI: 10.1006/jrpe.1997.2162.

11. Amy Wrzesniewski and Jane Dutton, "Having a Calling and Crafting a Job: The Case of Candice Billups," WDI Publishing, April 20, 2012, educational video, 11:48, www.tinyurl.com/CandiceBillups.

12. Amy Wrzesniewski, Justin M. Berg, and Jane E. Dutton, "Managing Yourself: Turn the Job You Have into the Job You Want," *Harvard Business Review* 88, no. 6 (June 2010): 114–17; Justin M. Berg, Adam M. Grant, and Victoria Johnson, "When Callings Are Calling: Crafting Work and Leisure in Pursuit of Unanswered Occupational Callings," *Organization Science* 21, no. 5 (October 2010): 973–94, DOI: 10.1287/orsc.1090.0497.

13. Justin M. Berg, Jane E. Dutton, and Amy Wrzesniewski, "Job Crafting Exercise," Center for Positive Organizations, April 29, 2014, https://positiveorgs.bus.umich.edu/cpo-tools/job-crafting-exercise/; Justin M. Berg, Jane E. Dutton, and Amy Wrzesniewski, *What Is Job Crafting and Why Does It Matter?* (Ann Arbor: Regents of the University of Michigan, 2008).

14. Wrzesniewski et al., "Jobs, Careers, and Callings," 21–33.

15. Adam Grant et al., "Impact and the Art of Motivation Maintenance: The

Effects of Contact with Beneficiaries on Persistence Behavior," *Organizational Behavior and Human Decision Processes* 103, no. 1 (May 2007): 53–67, DOI: 10.1016/j.obhdp.2006.05.004; Adam Grant, "Leading with Meaning: Beneficiary Contact, Prosocial Impact, and the Performance Effects of Transformational Leadership," *Academy of Management Journal* 55, no. 2 (September 2012): DOI: 10.5465/amj.2010.0588; Christopher Michaelson et al., "Meaningful Work: Connecting Business Ethics and Organizational Studies," *Journal of Business Ethics* 121 (March 2013): 77–90, DOI: 10.1007/s10551-013-1675-5.

16. Tom Rath and Jim Harter, "Your Friends and Your Social Well-Being," Gallup, August 19, 2010, https://news.gallup.com/businessjournal/127043/friends-social-wellbeing.aspx; Annamarie Mann, "Why We Need Best Friends at Work," Gallup, January 15, 2018, https://www.gallup.com/workplace/236213/why-need-best-friends-work.aspx.

17. Jennifer Aaker and Naomi Bagdonas, *Humor, Seriously: Why Humor Is a Secret Weapon in Business and Life* (New York: Currency, 2021).

18. Kahneman et al., "Survey Method," 1776–80.

19. Gabriela Saldivia, "Stuck in Traffic? You're Not Alone. New Data Show American Commute Times Are Longer," NPR, September 20, 2018, https://www.npr.org/2018/09/20/650061560/stuck-in-traffic-youre-not-alone-new-data-show-american-commute-times-are-longer; Felix Richter, "Cars Still Dominate the American Commute," *Statista*, May 29, 2019, https://www.statista.com/chart/18208/means-of-transportation-used-by-us-commuters/.

20. "Statistics on Remote Workers that Will Surprise You (2021)," Apollo Technical LLC, January 4, 2021, https://www.apollotechnical.com/statistics-on-remote-workers/. A survey by Owl Labs found that during COVID-19, close to 70% of full-time workers were working from home. Remote employees saved an average of forty minutes daily from commuting.

21. Courtney Conley, "Why Many Employees Are Hoping to Work from Home Even after the Pandemic Is Over," CNBC, May 4, 2020, https://www.cnbc.com/2020/05/04/why-many-employees-are-hoping-to-work-from-home-even-after-the-

pandemic-is-over.html.

第五章

1. Leif D. Nelson and Tom Meyvis, "Interrupted Consumption: Adaptation and the Disruption of Hedonic Experience," *Journal of Marketing Research* 45, no. 6 (December 2008): 654–64.

2. Peter Suedfeld et al., "Reactions and Attributes of Prisoners in Solitary Confinement," *Criminal Justice and Behavior* 9, no. 3 (September 1982): 303–40, DOI: 10.1177/0093854882009003004.

3. Philip Brickman, Dan Coates, and Ronnie Janoff-Bulman, "Lottery Winners and Accident Victims: Is Happiness Relative?" *Journal of Personality and Social Psychology* 36, no. 8 (September 1978): 917–27, DOI: 10.1037/0022-3514.36.8.917.

4. Rafael Di Tella, John H. New, and Robert MacCulloch, "Happiness Adaptation to Income and to Status in an Individual Panel," *Journal of Economic Behavior & Organization* 76, no. 3 (December 2010): 834–52, DOI: 10.1016/j.jebo.2010.09.016.

5. Richard E. Lucas et al., "Reexamining Adaptation and the Set Point Model of Happiness: Reactions to Changes in Marital Status," *Journal of Personality and Social Psychology* 84, no. 3 (March 2003): 527–39, DOI: 10.1037/0022-3514.84.3.527; Maike Luhmann et al., "Subjective Well-Being and Adaptation to Life Events: A Meta-Analysis on Differences between Cognitive and Affective Well-Being," *Journal of Personality and Social Psychology* 102, no. 3 (March 2012): 592–615, DOI: 10.1037/a0025948.

6. Daniel T. Gilbert et al., "Immune Neglect: A Source of Durability Bias in Affective Forecasting," *Journal of Personality and Social Psychology* 75, no. 3 (September 1998): 617–38, DOI: 10.1037/0022-3514.75.3.617.

7. Amit Bhattacharjee and Cassie Mogilner, "Happiness from Ordinary and Extraordinary Experiences," *Journal of Consumer Research* 41, no. 1 (June 2014): 1–17, DOI: 10.1086/674724.115

8. Helene Fung and Laura Carstensen, "Goals Change When Life's Fragility Is

Primed: Lessons Learned from Older Adults, the September 11 Attacks, and SARS," *Social Cognition* 24, no. 3 (June 2006): 248–78, DOI: 10.1521/soco.2006.24.3.248.

9. Jaime Kurtz, "Looking to the Future to Appreciate the Present: The Benefits of Perceived Temporal Scarcity," *Psychological Science* 19, no. 12 (December 2008): 1238–41, DOI: 10.1111/j.1467-9280.2008.02231.x.

10. Ed O'Brien and Phoebe Ellsworth, "Saving the Last for Best: A Positivity Bias for End Experiences," *Psychological Science* 23, no. 2 (January 2012): 163–65, DOI: 10.1177/0956797611427408.

11. Tim Urban, "The Tail End," *Wait but Why* (blog), December 11, 2015, https://waitbutwhy.com/2015/12/the-tail-end.html.

12. Ed O'Brien and Robert W. Smith, "Unconventional Consumption Methods and Enjoying Things Consumed: Recapturing the 'First-Time' Experience," *Personality and Social Psychology Bulletin* 45, no. 1 (January 2019): 67–80, DOI: 10.1177/0146167218779823.

13. Ximena Garcia-Rada, Ovul Sezer, and Michael I. Norton, "Rituals and Nuptials: The Emotional and Relational Consequences of Relationship Rituals," *Journal of the Association for Consumer Research* 4, no. 2 (April 2019): 185–97, DOI: 10.1086/702761.

14. Michael I. Norton and Francesca Gino, "Rituals Alleviate Grieving for Loved Ones, Lovers, and Lotteries," *Journal of Experimental Psychology: General* 143, no. 1 (February 2014): 266–72, DOI: 10.1037/a0031772.

15. Ovul Sezer et al., "Family Rituals Improve the Holidays," *Journal of the Association for Consumer Research* 1, no. 4 (September 2016): 509–26, DOI: 10.1086/699674.

16. Nelson and Meyvis, "Interrupted Consumption," 654–64; Leif D. Nelson, Tom Meyvis, and Jeff Galak, "Enhancing the Television-Viewing Experience through Commercial Interruptions," *Journal of Consumer Research* 36, no. 2 (August 2009): 160–72, DOI: 10.1086/597030.

17. Jordi Quoidbach and Elizabeth W. Dunn, "Give It Up: A Strategy for Combating Hedonic Adaptation," *Social Psychological and Personality Science* 4, no.

5 (September 2013): 563–68, DOI: 10.1177/1948550612473489.

18. Jordan Etkin and Cassie Mogilner, "Does Variety among Activities Increase Happiness?" *Journal of Consumer Research* 43, no. 2 (August 2016): 210–29, DOI: 10.1093/jcr/ucw021.

19. Arthur Aron et al., "Couples' Shared Participation in Novel and Arousing Activities and Experienced Relationship Quality," *Journal of Personality and Social Psychology* 78, no. 2 (March 2000): 273–84, DOI: 10.1037/0022-3514.78.2.273

第六章

1. Paul Atchley, "Fooling Ourselves: Why Do We Drive Distracted Even Though We Know It's Dan-gerous?" (academic seminar, Behavioral Decision Making Group Colloquium Series, UCLA Anderson School of Man-agement, Los Angeles, CA, April 7, 2017).

2. Anat Keinan and Ran Kivetz, "Productivity Orientation and the Consumption of Collectable Experiences," *Journal of Consumer Research* 37, no. 6 (April 2011): 935–50, DOI: 10.1086/657163.

3. Matthew A. Killingsworth and Daniel T. Gilbert, "A Wandering Mind Is an Unhappy Mind," *Science* 330, no. 6006 (November 2010): 932, DOI: 10.1126/science.1192439.

4. Jessica de Bloom, "Making Holidays Work," *Psychologist* 28, no. 8 (August 2015): 632–36; Jessica de Bloom et al., "Do We Recover from Vacation? Meta-Analysis of Vacation Effects on Health and Well-Being," *Journal of Occupational Health* 51, no. 1 (January 2009): 13–25, DOI: 10.1539/joh.K8004; Jessica de Bloom et al., "Vacation from Work: A 'Ticket to Creativity'?: The Effects of Recreational Travel on Cognitive Flexibility and Original-ity," *Tourism Management* 44 (October 2014): 164–71, DOI: 10.1016/j.tourman.2014.03.013.

5. Colin West, Cassie Mogil-ner, and Sanford DeVoe, "Happiness from Treating the Weekend Like a Vacation," *Social Psychology and Personality Science* 12, no. 3 (April 2021): 346–56, DOI: 10.1177% 2F1948550620916080.

6. Alexander E. M. Hess, "On Holiday: Countries with the Most Vacation Days," *USA Today*, June 8, 2013, https://www.usatoday.com/story/money/ business/2013/06/08/countries-most-vacation-days/ 2400193/.

7. Abigail Johnson Hess, "Here's How Many Paid Vacation Days the Typical American Worker Gets," CNBC, July 6, 2018, https://www.cnbc.com/2018/07/05/ heres-how-many-paid-vacation-days-the-typical-american-worker-gets-.html; US Travel Asso-ciation, "State of American Vacation 2018," May 8, 2018, https:// projecttimeoff.com/reports/state-of-american-vacation-2018/.

8. NPR, Robert Wood Johnson Foundation, and Harvard T. H. Chan School of Public Health, "The Work place and Health," RWJF, July 11, 2016, http://www.rwjf. org/content/dam/farm/reports/surveys_and_polls/ 2016/rwjf430330.

9. West, Mogilner, and DeVoe, "Happiness from Treating the Weekend," 346–56.

10. 我发现，"像度假一样过周末"是我提出的能够帮助别人快乐度过不快乐的疫情时期的最有效的建议之一。每一天，每个星期，每个季节都交织在一起，人们被迫困在家里工作、学习……完成一切事情。如今，休息变得前所未有地重要。我自己也执行了这一建议，来保持精力充沛。

"像度假一样过周末"提醒我们在周五下线休息，这有助于把周末和工作日区分开来。最重要的是，它允许我们放松几天，从辛苦和焦虑的工作中解脱出来，"熬过去"。它敦促我们深呼吸，活在当下，这样我们就能享受周日早晨的薄饼，也能更好地拥有彼此。哪怕航班取消，博物馆关闭，主题公园大门紧闭，我们仍然可以享受"暑假"：孩子们睡在后院的帐篷里，烤棉花糖点心，慢下来听听音乐，玩玩纸牌，在中午啜饮红酒——就像在度假一样。

11. Kirk W. Brown and Richard M. Ryan, "The Benefits of Being Present: Mindfulness and Its Role in Psychological Well-Being," *Journal of Personality and Social Psychology* 84, no. 4 (April 2003): 822, DOI: 10.1037/0022-3514.84.4.822.

12. Kirk W. Brown, Richard M. Ryan, and J. David Creswell, "Mindfulness: Theoretical Foundations and Evidence for its Salutary Effects," *Psychological Inquiry* 18, no. 4 (December 2007): 211–37, DOI: 10.1080/10478400701598298.

13. Hedy Kober, "How Can Mindfulness Help Us," TEDx Talk, May 13, 2017, YouTube video, 17:48, https://www.youtube.com/watch? v=4hKf XyZGeJY; Judson

A. Brewer et al., "Meditation Ex-perience Is Associated with Differences in Default Mode Network Activity and Connectivity," *Proceedings of the National Academy of Sciences of the United States of America* 108, no. 50 (October 2011): 20254–59, DOI: 10.1073/pnas.1112029108; Barbara L. Fredricksonetal., "Open Hearts Build Lives: Positive Emotions, Induced through Loving- Kindness Meditation, Build Consequential Personal Resources," *Journal of Personality and Social Psychology* 95, no. 5 (November 2008): 1045–62, DOI: 10.1037/a0013262; Michael D. Mrazek et al., "Mindfulness Training Improves Working Memory Capacity and GRE Performance while Reducing Mind Wandering," *Psychological Science* 24, no. 5 (May 2013): 776–81, DOI: 10.1177/0956797612459659; Britta K. Hölzel et al., "Mindfulness Practice Leads to Increases in Regional Brain Gray Matter Density," *Psychiatry Research: Neuroimaging* 191, no. 1 (January 2011): 36–43, DOI: 10.1016/j.pscychresns.2010.08.006; Cendri A. Hutcherson, Emma M. Seppala, and James J. Gross, "Loving-Kindness Meditation Increases Social Connectedness," *Emotion* 8, no. 5 (November 2008): 720, DOI: 10.1037/a0013237; Brown, Ryan, and Creswell, "Mindfulness," 211–37.

14. 焦虑：一种对未来事件和不确定的结果担忧或紧张的感觉。

15. 焦虑症：当焦虑持续存在，会使人身心虚弱，影响日常生活。

16. National Alliance on Mental Illness, "Mental Health by the Numbers," September 2019, https://www.nami.org/mhstats.

17. Hannah Ritchie and Max Roser, "Mental Health," Our World in Data, April 2018, https://ourworldin data.org/mental-health.

18. Olivia Remes et al., "A Systematic Review of Reviews on the Prevalence of Anxiety Disorders in Adult Populations," *Brain and Behavior* 6, no. 7 (June 2016): 1–33, DOI: 10.1002/brb3.497.

19. Jean M. Twenge and Thomas E. Joiner, "US Census Bureau-Assessed Prevalence of Anxiety and Depressive Symptoms in 2019 and during the 2020 COVID-19 Pandemic," *Depression and Anxiety* 37, no. 10 (October 2020): 954–56, DOI: 10.1002/da.23077; Min Luo et al., "The Psychological and Mental Impact of Coro-navirus Disease 2019 (COVID-19) on Medical Staff and General Public: A Systematic Review and Meta-Analysis," *Psychiatry Research* 291, no. 113190

(September 2020): DOI: 10.1016/j.psychres.2020.113190.

20. UCLA Mindful Awareness Research Center, "Free Guided Meditations," UCLA Health, https:// www.uclahealth.org/marc/audio. 该中心主任黛安娜·温斯顿用视频解释了什么是正念，并提供了冥想指导，详见 https://www.uclahealth.org/marc/getting-started。

21. Mihaly Csikszentmihalyi and Judith LeFevre, "Optimal Experience in Work and Leisure," *Journal of Personality and Social Psychology* 56, no. 5 (June 1989): 815–22, DOI: 10.1037/0022-3514.56.5.815. This article finds that the majority of flow experiences are reported when working instead of during leisure.

22. Meng Zhu, Yang Yang, and Christopher Hsee, "The Mere Urgency Effect," *Journal of Consumer Research* 45, no. 3 (October 2018): 673–90, DOI: 10.1093/ jcr/ ucy008.

23. Bradley R. Staats and Francesca Gino, "Specialization and Variety in Repetitive Tasks: Evidence from a Japanese Bank," *Management Science* 58, no. 6 (June 2012): 1141–59, DOI: 10.1287/mnsc.1110.1482.

24. 第三章涉及了加州大学洛杉矶分校睡眠障碍中心主任阿隆·Y. 阿维丹博士关于睡眠益处的见解。

25. Shalena Srna, Rom Y. Schrift, and Gal Zauberman, "The Illusion of Multitasking and Its Positive Effect on Performance," *Psychological Science* 29, no. 12 (Octo-ber 2018): 1942–55, DOI: 10.1177/0956797618801013.

26.Helene Hembrooke and Geri Gay, "The Laptop and the Lecture: The Effects of Multitasking in Learning Environments," *Journal of Computing in Higher Education* 15, no. 1 (September 2003): 46–64, DOI: 10.1007/ BF02940852; Laura L. Bowman et al., "Can Students Really Multitask? An Experimental Study of Instant Messaging while Reading," *Computers & Education* 54, no. 4 (2010): 927–31, DOI: 10.1016/ j.compedu.2009.09.024.

27. Asurion, "Americans Check Their Phones 96 Times a Day," *November* 21, 2019, https://www.asurion.com/about/press-releases/americans-check-their-phones-96-times-a-day/.

28. Harris Interactive, "2013 Mobile Consumer Habits Study," Jumio, 2013,

http://pages. jumio.com/rs/jumio/images/Jumio%20-%20Mobile%20Consumer%20
Habits%20Study-2.pdf.

29. Ryan Dwyer, Kostadin Kushlev, and Elizabeth Dunn, "Smartphone Use
Undermines Enjoyment of Face-to-Face Social Interaction," *Journal of Experimental
Social Psychology* 78 (September 2018): 233–39, DOI: 10.1016/j.jesp.2017.10.007.

30. Nicholas Epley and Juliana Schroeder, "Mistakenly Seeking Solitude,"
Journal of Experimental Psychology 143, no. 5 (October 2014): 1980-99, DOI:
10.1037/a0037323.

31. Hal E. Hershfield and Adam L. Alter, "On the Naturalistic Relationship
between Mood and Entertainment Choice," *Journal of Experimental Psychology:
Applied* 25, no. 3 (May 2019): 458–76, DOI: 10.1037/xap0000220.

32. Catherine K. Ettman et al., "Prevalence of Depression Symptoms in US
Adults before and during the COVID-19 Pandemic," *JAMA Network Open* 3, no. 9
(September 2020): DOI: 10.1001/ jamanetworkopen.2020.19686; Stacy Francis, "Op-
Ed: Up- tick in Domestic Violence amid COVID-19 Isolation," CNBC, October 30,
2020, https://www.cnbc.com/2020/ 10/30/uptick-in-domestic-violence-amid-covid-19-
isolation.html.

第七章

1. Meir Kalmanson, "A Valuable Lesson for a Happier Life," May 4, 2016,
YouTube video, 3:05, https://youtu.be/SqGRnlXplx0.

2. Sherin Shibu, "Which Generation Is Most Dependent on Smartphones? (Hint:
They're Young.)," *News and Trends* (blog), November 20, 2020, https://www.
entrepreneur.com/article/360098.

3. Nielsen Media Research, "Nielsen Total Audience Report: September 2019,"
September 2019, https://www.nielsen.com/us/en/insights/report/2019/ the-nielsen-total-
audience-report-september-2019/.

4. Gal Zauberman and John G. Lynch Jr., "Resource Slack and Propensity to
Discount Delayed Investments of Time versus Money," *Journal of Experimental*

Psychology 134, no. 1 (March 2005): 23–37, DOI: 10.1037/0096-3445.134.1.23.

5. Alia E. Dastagir, "The One Word Women Need to Be Saying More Often," *USA Today*, April 25, 2021, https://www.usatoday.com/story/life/health-wellness/2021/04/20/why-its-so-hard-for-women-to-say-no/7302181002/.

6. Sara McLaughlin Mitchell and Vicki L. Hesli, "Women Don't Ask? Women Don't Say No? Bargaining and Service in the Political Science Profession," *PS: Political Science & Politics* 46, no. 2 (April 2013): 355–69, DOI: 10.1017/S1049096513000073.

与男性教师相比，女性教师更有可能在系级委员会、校级委员会和本领域委员会任职，但她们被要求担任这些委员会主席的可能性要小得多。与此同时，男性教师更有可能被邀请担任系主任或学术项目主任。

7. Marie Kondo, *The Life-Changing Magic of Tidying Up: The Japanese Art of Decluttering and Organizing* (Berkeley, CA: Ten Speed Press, 2014).

8. Ran Kivetz and Anat Keinan, "Re- penting Hyperopia: An Analysis of Self-Control Regrets," *Journal of Consumer Research* 33, no. 2 (September 2006): 273–82, DOI: 10.1086/506308.

第八章

1. Barack Obama and Bruce Springsteen, "Fatherhood," March 29, 2021, in *Renegades: Born in the USA*, produced by Spotify, podcast audio, https://open.spotify.com/episode/6yFtWJDdwZdUDrH5M0lVZf.

2. Martin Seligman et al., "Positive Psychology Progress: Empirical Validation of In- terventions," *American Psychologist* 60, no. 5 (July 2005): 410–21, DOI: 10.1037/0003-066X.60.5.410; Robert A. Emmons and Michael E. McCullough, "Counting Blessings versus Burdens: An Experimental Investigation of Gratitude and Subjective Well-Being in Daily Life," *Journal of Personality and Social Psychology* 84, no. 2 (February 2003): 377, DOI:10.1037/0022-3514.84.2.377.

3. Hielke Buddelmeyer, Daniel S. Hamermesh, and Mark Wooden, "The Stress Cost of Children on Moms and Dads," *European Economic Review* 109 (October

2018): 148–61, DOI: 10.1016/j.euro ecorev.2016.12.012.

4. Laura M. Giurge, Ashley V. Whillans, and Colin West, "Why Time Poverty Matters for Individuals, Organisations and Nations," *Nature Human Behaviour* 4, no. 10 (October 2020): 993–1003, DOI: 10.1038/s41562-020-0920-z; Jerry A. Jacobs and Kathleen Gerson, *The Time Divide: Work, Family, and Gender Inequality* (Cambridge: Harvard University Press, 2004); Marybeth J. Mattingly and Liana C. Sayer, "Under Pressure: Gender Differences in the Relationship between Free Time and Feeling Rushed," *Journal of Marriage and Family* 68, no. 1 (February 2006): 205–21, DOI: 10.1111/j.1741-3737.2006.00242.x; Daniel S. Hamermesh and Jungmin Lee, "Stressed Out on Four Continents: Time Crunch or Yuppie Kvetch?" *Review of Economics and Statistics* 89, no. 2 (May 2007): 374–83, DOI: 10.1162/rest.89.2.374.

5. David Leonhardt, "Not Enough to Sort of Open," *New York Times*, May 3, 2021.

6. Laura M. Giurge, Ashley V. Whillans, and Ayse Yemiscigil, "A Multicountry Perspective on Gender Differences in Time Use during COVID-19," *Proceedings of the National Academy of Sciences of the United States of America* 118, no. 12 (March 2021): DOI: 10.1073/ pnas.2018494118.

7. Sheryl Sandberg, *Lean In: Women, Work, and the Will to Lead* (New York: Alfred A. Knopf, 2013).

8. Eve Rodsky, *Fair Play: A Game-Changing Solution for When You Have Too Much to Do (and More Life to Live)* (New York: G. P. Putnam's Sons, 2019). 伊芙·罗德斯基为我们提供了一个令人信服的例子，我们有太多的事情要做，却渴望从生活中得到更多。她建议，明确的家庭分工可以有效减少个人的抱怨、增强人际关系和整体的幸福感。罗布和我发现这可以通过智慧调度来实现。

9. Leif D. Nelson, Tom Meyvis, and Jeff Galak, "Enhancing the Television-Viewing Experience through Commercial Interruptions," *Journal of Consumer Research* 36, no. 2 (August 2009): 160–72, DOI: 10.1086/597030.

10. Jordan Etkin and Cassie Mogilner, "Does Variety among Activities Increase Happiness?" *Jour-nal of Consumer Research* 43, no. 2 (August 2016): 210–29, DOI: 10.1093/jcr/ucw021.

11. 正如我在第七章中提到的，回复电子邮件对我来说就是件苦差事。我害怕打开收件箱，生怕有什么任务在等着我，我知道我会陷入其中，失去本可以利用得更好的时间。如果我整天时不时地查看邮箱，会使我整个星期都处于焦虑之中。相反，在每个工作日快结束的时候，我会抽出两个小时集中处理电子邮件和与这些邮件有关的行政工作。

我把会议安排在特定下午。我不反感开会，但我知道开会需要某种不同形式的精神能量。我发现从安静思考过渡到社交互动需要时间，因此，通过连续安排会议，我减少了过渡过程中浪费的时间，也保护了我个人的工作时间，从而提高了工作效率。

我尽量在一周内把需要面对听众的时间集中起来，不是因为我不喜欢教书，而是因为备课量很大（更别提吹头发和搭配得体的衣服所花的时间了）。这样，我可以充分利用备课时间，以及上课前必然会产生的肾上腺素。

12. Leaf Van Boven and Thomas Gilovich, "To Do or to Have? That Is the Question," *Journal of Personality and Social Psychology* 85, no. 6 (January 2004): 1193–1202, DOI: 10.1037/0022-3514.85.6.1193; Thomas Gilovich, Amit Kumar, and Lily Jampol, "A Wonderful Life: Experiential Consumption and the Pursuit of Happiness," *Journal of Consumer Psychology* 25, no. 1 (September 2014): 152–65, DOI: 10.1016/j.jcps.2014.08.004; Cindy Chan and Cassie Mogilner, "Experiential Gifts Foster Stronger Social Relationships than Material Gifts," *Journal of Consumer Research* 43, no. 6 (April 2017): 913–31, DOI: 10.1093/jcr/ucw067.

第九章

1. Henry van Dyke, "Katrina's Sun-dial," in *Music and Other Poems* (New York: Charles Scribner's Sons, 1904), 105.

2. Cassie Mogilner, Hal Hershfield, and Jennifer Aaker, "Rethinking Time: Implica- tions for Well-Being," *Consumer Psychology Review* 1, no. 1 (January 2018): 41–53, DOI: 10.1002/arcp.1003; Tayler Bergstrom et al. (working paper, 2021). 赞同这四点与更富裕、生活的意义、生活满意度、积极情感和消极情感有关。这些结果控制了人口统计学变量，包括年龄和父母身份。

3. Jennifer Aaker, "Jennifer Aaker: The Happiness Narrative," Future of StoryTelling, August 31, 2015, Vimeo video, 4:59, https://vimeo.com/137841197.

4. Sep Kamvar and Jonathan Harris, *We Feel Fine: An Almanac of Human Emotion* (New York: Scribner, 2009), http://www.wefeelfine.org/.

5. Cassie Mogilner, Sepandar D. Kamvar, and Jennifer Aaker, "The Shifting Meaning of Happiness," *Social Psychological and Personality Science* 2, no. 4 (July 2011): 395-402, DOI: 10.1177/1948550610393987; Cassie Mogilner, Jennifer Aaker, and Sepandar D. Kamvar, "How Happiness Affects Choice," *Journal of Consumer Research* 39, no. 2 (August 2012): 429–43, DOI: 10.1086/663774.

6. Amit Bhattacharjee and Cassie Mogilner, "Happiness from Ordinary and Extraordinary Experiences," *Journal of Consumer Research* 41, no. 1 (June 2014): 1–17, DOI: 10.1086/674724.

7. 伯格斯特龙等（报告撰写中）。我们告诉参与者："有时我们完成任务是因为它们很重要（即结果很重要），有时我们做任务是因为它们很紧急（即它们必须很快完成）。任务可以是重要而紧急的，也可以是不重要也不紧急的，但也有紧急而不重要的任务，也有重要而不紧急的任务。"然后，他们被要求在1（从不）到7（一直）的范围内回答："在过去的一周，你在多大程度上把时间花在了重要的任务上？""在过去的一周里，你在多大程度上把时间花在了紧急的任务上？"我们发现，在控制紧急任务的时间时，同意鸟瞰量表中的四个项目可以预测花在重要任务上的时间。在控制了重要任务的时间后，该量表没有预测花在紧急任务上的时间。这表明，采取鸟瞰视角的人花更多的时间在重要而非紧急的任务上。

8. Meng Zhu, Yang Yang, and Christopher Hsee, "The Mere Urgency Effect," *Journal of Consumer Research* 45, no. 3 (October 2018): 673–90, DOI: 10.1093/jcr/ucy008.

9. Robert Waldinger, "What Makes a Good Life? Lessons from the Longest Study on Happiness," TEDx BeaconStreet, November 2015, TED video, 12:38, https://www.ted.com/talks/robert_waldinger_what_makes_a_good_life_lessons_from_the_longest_study_on_happiness?language=en.

10. Mike Morrison and Neale Roese, "Regrets of the Typical American: Findings

from a Nationally Representative Sample," *Social Psychological and Personality Science* 2, no. 6 (November 2011): 576–83, DOI: 10.1177/1948550611401756.

11. Thomas Gilovich and Victoria Husted Medvec, "The Experience of Regret: What, When, and Why," *Psychological Review* 102, no. 2 (May 1995): 379–95, DOI:10.1037/0033-295X.102.2.379.

12. Rhia Catapano et al., "Financial Resources Impact the Relationship between Meaning and Happiness," *Emotion* 22 (forthcoming).

13. Laura A. King, Samantha J. Heintzelman, and Sarah J. Ward, "Beyond the Search for Meaning: A Contemporary Science of the Experience of Meaning in Life," *Current Directions in Psychological Science* 25 no. 4 (August 2016): 211–16, DOI: 10.1177/0963721416656354.

14. Kathleen Vohs, Jennifer Aaker, and Rhia Catapano, "It's Not Going to Be that Fun: Negative Experiences Can Add Meaning to Life," *Current Opinion in Psychology* 26 (April 2019): 11–14, DOI: 10.1016/ j.copsyc.2018.04.014.

15. Cassie Mogilner and Michael Norton, "Preferences for Experienced versus Remembered Happiness," *Journal of Positive Psychology* 14, no. 2 (April 2018): 244–51, DOI: 10.1080/17439760.2018.1460688.

作为这个项目的一部分，我进行了一项研究，在这项研究中，我采访了 600 名成年人："如果你的目标是体验快乐，或者（在 1 年后 /10 年后）立即回顾过去并感到快乐，你会如何度过接下来的一个小时？"然后，研究人员向他们展示了卡尼曼等人的一日重建调查（Day Reconstruction Survey）中的 22 项活动，并要求他们按 7 分制对自己花时间做以下事情的倾向进行评分。一项关于人们如何花费时间的因素分析揭示了快乐度过时间的 6 个因素：被动休闲（看电视、上网、阅读），主动休闲（锻炼、运动、户外活动），与朋友或同事社交，与恋人约会，与家人共度时光，以及工作与放松（这是一个两极维度）。体验快乐和回忆快乐只会影响工作和放松的倾向。所有其他因素对体验快乐和回忆快乐的影响都是一样的。也就是说，出现的一个区别是，记忆最大化者比体验最大化者更有可能提到去工作，而经验最大化者提到他们更有可能选择休闲。

16. Ed Diener, Derrick Wirtz, and Shigehiro Oishi, "End Effects of Rated Life Quality: The James Dean Effect," *American Psychological Society* 12, no. 2 (March

2001): 124–48, DOI: 10.1111/1467-9280.00321; Barbara L. Fredrickson and Daniel Kahneman, "Duration Neglect in Retrospective Evaluations of Affective Episodes," *Journal of Personality and Social Psychology* 65, no. 1 (July 1993): 45–55, DOI: 10.1037/0022-3514.65.1.45; Daniel Kahneman et al., "When More Pain Is Preferred to Less: Adding a Better End," *Psychological Science* 4, no. 6 (November 1993): 401– 405, DOI: 10.1111/j.1467-9280.1993.tb00589.x; Donald A. Redelmeier and Daniel Kahneman, "Patients' Memories of Painful Medical Treatments: Real-Time and Retrospective Evaluations of Two Minimally Invasive Procedures," *Pain* 66, no. 1 (July 1996): 3–8, DOI: 10.1016/0304-3959(96)02994- 6; Derrick Wirtz et al., "What to Do on Spring Break?: The Role of Predicted, On-Line, and Remembered Experience in Future Choice," *Psychological Science* 14, no. 5 (September 2003): 520–24, DOI: 10.1111/1467-9280.03455.

致谢

　　首先，我想以最大的音量对《时间贫困》团队说句"谢谢"。没有你们，就不会有这本书。谢谢马戈·弗莱明，你就是我心中梦寐以求的完美代理人。尽管我顾虑重重，但还是在你的鼓励下完成了这本书。感谢你一直为我加油打气，感谢你理解并帮助我传播快乐。感谢我的编辑卡琳·马库斯，你是如此睿智，如此富有洞察力，与我感同身受，并帮助我实现愿望。在写这本书的过程中，你对我的指导至关重要，也让我更加享受创作过程。从你身上我收获良多，不仅学会了如何讲故事，更学会了如何经营好生活。你是我们所有职场妈妈的榜样，感谢你对我的指导，感恩有你这样一位朋友。感谢宣传团队里的艾琳·博伊尔、吉尔·西格尔和萨莉·马文，正是因为有你们体贴而专业的付出，《时间贫困》这本书才能被更多人看到，我才能把快乐传递给更多人。多亏有你们，我才不用花时间在社交媒体上宣传。感谢我多才多艺的设计大师兼保姆汉娜·桑德斯，感谢你为本书配上与内容完美贴合的插图，感谢你对利奥和莉塔的悉心照顾，让我能够有时间写作。因为你，就算我关上门，也能听到孩子的笑声响彻整个屋子，这种感觉很好。感谢我严谨的研究助理乔安娜·佐巴克，感谢你当我细心的读者，并为我整理参考文献。

非常感谢所有与我合作的研究者。你们让创作《时间贫困》的过程变得更加快乐。我钦佩你们每个人的智慧和奉献精神，感谢你们让我的工作时间变得更加有趣。按照书中提到的项目顺序，我要真诚地感谢以下合作者：珍妮弗·阿克、塞普·卡姆瓦尔、哈尔·赫什菲尔德、玛丽萨·谢里夫、玛丽亚·特鲁皮亚、伊莎贝尔·恩格勒、乌里·巴尔内亚、弗兰切斯卡·吉诺、佐薇·钱斯、迈克尔·诺顿、里亚·卡塔帕诺、乔迪·奎德巴赫、辛迪·陈、阿米特·巴塔查尔吉、乔丹·埃特金、科林·韦斯特、桑福德·德沃、泰勒·伯格斯特龙和乔伊·赖夫。

非常感谢所有参加我课程的加州大学洛杉矶分校安德森学院的学生，感谢你们如此开诚布公地分享追求更多满足感和联系感之路上的体验。特别感谢贾斯廷·斯滕伯格、妮科尔·施瓦茨和加比·凯尼格为这本书分享了自己的故事，以及让我代表你们分享故事的各位同学，你们的故事我已铭记于心。我还想感谢我请来的演讲嘉宾们，感谢阿隆·阿维丹博士和萨拉·塔克教授，你们让我们了解了良好睡眠和练习冥想带来的巨大情感益处；感谢杰夫·布恩罗斯特罗教授，你教会了我们如何在集体中培养幸福感。

感谢所有卓尔不群的、鼓舞人心的、鼎力支持我的朋友，你们的存在不断验证了诸多研究的结论——拥有好朋友是即时和持久幸福的关键。你们让我的时光变得更美好，让我的生活充满了欢笑、冒险和理解。我尤其感谢你们中的一些人，你们非常慷慨地与我分享自己的相关经历。这些朋友是阿什利·卡珀、绍莉·森、科莱特·伯纳德、凯蒂·米尔科曼、卡伦·布莱克、伊恩·麦奎尔、朱莉·麦奎尔、艾莉森·麦肯齐、丹·莱文、阿里·温伯格、艾尔莎·柯林斯、阿拉娜·卡根、马特·卡根、苏·陈、查尔斯·谢、金·特里普、欧文·特里普、克里斯蒂·弗里德里希斯、杰森·弗里德里希斯、阮美乐、克里斯·亚当斯、马特·斯佩茨勒、杰基·斯佩茨勒、迪安娜·基霍、比安卡·拉塞尔、安迪·拉塞尔，黛安娜·斯滕伯格、卡拉·赛尔斯、琳达·格雷罗、布雷特·伯科维茨、安娜·格罗斯和戴维·格罗斯。感谢伊芙·罗德斯基和莎拉·姆林诺夫斯基，感谢你们在我创作过程中给予的友爱与指导。感谢马特·赛尔斯、亚历克斯·温伯格和赖莉·埃尔利希分享自己的工作目标。很明显，你们每个人都找到了自己的使命，这鼓舞了我们所有人。感谢斯科特·菲茨沃特，感谢你描述了自己创作马赛克的工艺过程。

感谢我的家人，感谢你们这些年来与我共同度过的美好时光，感谢你们在我创作的最后几个月中做出的牺牲，让我得以专注地完成这本书。感谢我的哥哥，我最好的朋友萨姆·莫吉尔纳，你的陪伴给我的童年和整个人生之旅带来了莫大的幸福。感谢我的嫂子克里斯蒂娜·古尔德加入我们的快乐团体，感谢你一直陪伴在我们身边。感谢我妈妈维姬·莫吉尔纳教会我们把所有的时刻（无论多么平凡）都变成庆祝仪式的重要性。感谢罗布的父母艾琳和洛克·霍姆斯，及家人安·霍姆斯、艾米丽娅·露娜和亚伦·露娜一直以来对我的支持。我还要感谢我的侄女洛莉·莫吉尔纳，以及侄子 P·J. 莫吉尔纳和伦佐·卢纳，他们令一切都那么快乐。

最后，我最想感谢的人是我的丈夫和孩子——罗布、利奥和莉塔，你们是我生命中最美好的存在。正因为有你们，我的生活才变得有乐趣且有意义。罗布，谢谢你每天都和我一起寻找快乐，谢谢你所做的一切，谢谢你一直以来对我的鼓励，谢谢你对我义无反顾的支持。利奥，你大大的笑容、捧腹大笑的样子和罗布式的幽默一直给我带来快乐，谢谢你每天提醒我停下来享受生活。莉塔，你对世界的欣喜让我们的每一天都更加美好，我将永远珍惜我们"周四早晨的咖啡约会"，不管它被安排在周几。